# A SERPENTE ASTUTA

Origem e transmissão do pecado

Martín Gelabert

# A SERPENTE ASTUTA

## Origem e transmissão do pecado

**EDITORA**
**AVE-MARIA**

© 2008 by Martín Gelabert. © 2008 by Editorial Verbo Divino (Navarra).
ISBN: 978-84-8169-812-1

Em língua portuguesa:
© 2009 by Editora Ave-Maria. All rights reserved.
Rua Martim Francisco, 636 – CEP 01226-000 – São Paulo, SP – Brasil
Telefax: (11) 3823-1060 • Televendas: 0800 7730 456
editorial@avemaria.com.br • comercial@avemaria.com.br
www.avemaria.com.br

ISBN: 978-85-276-1267-8

**Título original:** *La Astuta Serpiente*
**Tradução:** José Joaquim Sobral

Printed in Brazil – Impresso no Brasil

1. ed. – 2009

**Dados Internacionais de Catalogação na Publicação (CIP)**
**(Câmara Brasileira do Livro, SP, Brasil)**

Gelabert Ballester, Martín
A serpente astuta: origem e transmissão do pecado / Martín Gelabert Ballester; [tradução José Joaquim Sobral]. – São Paulo: Editora Ave-Maria, 2009.

Título original: La astuta serpiente

Bibliografia
ISBN: 978-85-276-1267-8

1. Pecado original   2. Perdão - Aspectos religiosos   I. Título.

| 09-11978 | CDD-233.14 |
|---|---|

**Índice para catálogo sistemático:**
1. Pecado original: Origem do mal: Doutrina cristã       233.14

**Diretor Geral:** Hely Vaz Diniz, CMF
**Vice-Diretor:** Oswair Chiozini, CMF
**Diretor Editorial:** Luís Erlin Gomes Gordo, CMF
**Diretor Comercial:** Maciel Messias Claro, CMF
**Gerente Editorial:** J. Augusto Nascimento
**Revisão:** Adelino Coelho, Luiz Fernando Teixeira e Maria Alice Gonçalves
**Diagramação:** Carlos Eduardo P. de Sousa

*Nos momentos decisivos,
quando não está claro o caminho
que se deve tomar,
é preciso acreditar em um ou outro conselheiro.
Pecar é acreditar no mentiroso.*

*Nas mais remotas origens:
– Deus fala. E Adão não acreditou nele.
– A serpente fala. E Adão acreditou nela.*

*Ao chegar à plenitude dos tempos:
– O diabo fala. E Jesus não acreditou nele.
– Jesus fala: meu alimento
é fazer a vontade do Pai.*

# Sumário

1. **Exórdio: uma questão debatida** ............................................. 11
   O ambíguo simbolismo da serpente ............................... 11
   Uma doutrina nem sempre bem compreendida ............ 13
   Esclarecimento terminológico ........................................ 15
   Um livro escrito para meu próprio deleite ..................... 16

2. **Pecar, o contrário de crer** ....................................................... 19
   Uma linguagem peculiar .................................................. 19
   Referência a Deus ............................................................ 21
   Através de mediações ...................................................... 23

3. **Pecado da origem e pecado original** ................................... 27
   Originante e originado ..................................................... 27
   Importância da doutrina do pecado original ................ 28
   Um capítulo de antropologia teológica .......................... 31
   O que a revelação diz coincide com a experiência ........ 34
   *Alguns dados da Escritura* ............................................ 35
   *Dados antropológicos* .................................................... 37
   *Dados filosóficos* ............................................................ 38
   *Orientações da teologia* ................................................. 39

4. **O ser humano "quase como um deus"** ................................ 43
   De onde vem o ser humano? Evolução e criação .......... 43
   Teoria da evolução e pecado original ............................. 48
   *Única criatura a qual Deus amou por si mesma* ....... 49
   *Do homem para o homem* ............................................. 50
   *Dificuldade de discernir* ................................................ 52
   *Amar a Deus com todas as forças* ................................ 56

À imagem de Deus o criou ............................................. 58
E o colocou sobre a terra ............................................. 61
   *Por que sobre a terra e não no paraíso celestial?* ..... 62
   *O que pôde ser e não foi* ............................................. 64
   *Na terra sempre nos relacionamos com Deus pela fé* .... 66

**5. Leitura teológica dos textos bíblicos que tratam do pecado original** ............................................................. 69
   Algumas considerações sobre exegese e teologia .......... 69
   O pecado original está implícito na Escritura ............... 72
   Emprego teológico de Gênesis 3 ................................... 73
      *Etiologia histórica* ..................................................... 73
      *Análise teológica dos conteúdos* ............................... 79
      *Em que consiste o pecado das origens?* ................... 79
      *O simbolismo da serpente ou o desencadeante do pecado* ................................................................... 82
      *Consequências do pecado das origens* ..................... 87
      *Pecado e esperança* ................................................... 89
   Leitura teológica de Rm 5,12 ....................................... 90
      *Anotações prévias* ..................................................... 91
      *As duas exegeses históricas de Rm 5,12* ................... 92
      *Repercussões teológicas e doutrinais* ....................... 94
   Solidariedade no pecado dos pais e solidariedade na bênção ....................................................................... 97
      *Nós pecamos com nossos pais* ................................. 97
      *"Em ti serão abençoadas todas as linhagens da terra"* .... 99
   Leitura teológica de alguns textos de João .................. 101
      *Sedução do diabo* ..................................................... 101
      *Pecado do mundo* ..................................................... 101

**6. O primeiro homem e aquele que havia de vir** ................. 105
   Tentação de Adão e tentação de Jesus .......................... 106
      *O cerne da tentação: como ser como Deus?* ............. 108
      *Porém, como Deus pode ser assim?* ......................... 110
      *A tentação pode ser vencida* ..................................... 112
   Desobediência de Adão e obediência de Jesus ............. 113

**7. Teologia do pecado original: originante e originado** ....... 117
   O primeiro pecado, protótipo de todo pecado ............... 117
      *Onde está a gravidade do pecado das origens?* ........ 117
      *O dilema – Deus: amigo ou adversário?* .................... 118
      *O homem, abandonado a suas próprias forças* ....... 121
   O pecado transmitido: da ruptura à ausência de Deus .... 122
      *Compreensão analógica do pecado original
      (originado)* ..................................................................... 124
      *Falta de mediação para a graça* ............................... 129
      *O pecado do mundo* .................................................... 133
   Morte e concupiscência, consequências do pecado
   original? .................................................................................. 136
   A condenação eterna, consequência do pecado
   original? .................................................................................. 140
   Maria, uma exceção à universalidade do pecado
   original? .................................................................................. 145

**8. Necessidade de Cristo sem pecado original** .................... 149
   Necessidade de Cristo para a divinização humana ........ 149
   O pecado reveste a encarnação com um novo sentido .... 153
   Cristo, "o homem novo" ...................................................... 157

# 1. Exórdio: uma questão debatida

## O ambíguo simbolismo da serpente

O livro do Gênesis refere-se a uma estranha serpente que não somente fala, mas que, além disso, é muito astuta (Gn 3,1). Tanto que é capaz de enganar e seduzir o ser humano para que rompa, sem mais nem menos, com Deus, que o havia presenteado com a vida e o havia colocado em um jardim maravilhoso, no qual, ao que parece, encontravam-se todos os tipos de bens. Como é possível, se o ser humano estava em tão feliz estado, que se deixasse enganar, que rompesse com a fonte da vida? Uma tal serpente, além de muito astuta, tem de ser a personificação do mal.

Todavia, na Bíblia, o simbolismo da serpente tem conotações muito mais positivas e favoráveis para o homem. No Livro dos Números, fala-se de serpentes malignas que mordiam o povo, mas, imediatamente depois, oferece-se o remédio para esse mal em outra serpente, a mesma que Moisés fixou em um poste, pois "todo o que for mordido, olhando para ela, será salvo" (Nm 21,8).

De ambos os simbolismos, o Novo Testamento faz ressonância. O quarto Evangelho relaciona esta serpente, que Moisés elevou no deserto, com a cruz salvadora, na qual tem de ser elevado o Filho do homem (Jo 3,14). E esse mesmo Evangelho se refere de maneira alusiva, mas clara, à serpente mentirosa das origens, identificando-a com o diabo (Jo 8,44), identificação esta que, já sem disfarce algum, está no último livro do Novo Testamento (Ap 12,9). A segunda carta aos Coríntios (11,14) põe em evidência a astúcia da principal qualidade desse diabo, pois "se transfigura em anjo de luz".

Este duplo simbolismo encontra um paralelo interessante na dupla adjetivação que tradicionalmente o nome de Adão recebe: o velho Adão, que traz a morte, e o novo Adão, que traz a vida (1Cor 15,21-22). A propósito deste duplo Adão e sua relação com a astuta serpente que, discutindo sobre as árvores do paraíso, enganou a mulher, a liturgia canta: "Porque puseste a salvação do gênero humano / na árvore da cruz, / para que onde tivesse origem a morte, / dali ressurgisse a vida, / e o que venceu em uma árvore, / fosse em uma árvore vencido". A serpente, que venceu em uma primeira batalha transtornando a verdade da árvore do paraíso, foi vencida na árvore da cruz, na qual Cristo derrotou definitivamente o pecado.

O simbolismo negativo da serpente está estreitamente relacionado com a doutrina do pecado original. Mais precisamente, seu simbolismo positivo nos deve levar a entender que esta doutrina não pode ser estudada desligada da cristologia, da obra e de ação de Cristo. E não só porque em Cristo se restaurasse a natureza decaída pela obra de Adão, e sim porque só à luz da graça de Cristo se compreende plenamente o que pode ser o pecado.

Hoje, a doutrina do pecado original perdeu o crédito teológico que alcançou em outras épocas. E, não obstante, bem entendida, esta doutrina propõe interrogações decisivas: onde coloco o meu coração?, onde está meu tesouro?, quem merece minha confiança? Estas perguntas nos convidam a não nos perder na folhagem do pecado (modalidades, classificação, casuística) e nos convidam a ir ao profundo das raízes da árvore. O livro do Gênesis ensina que as raízes do pecado são muito profundas, tanto que se perdem na noite dos tempos, nas árvores da humanidade. Inclusive, poderíamos acrescentar que essas raízes são tão profundas que possivelmente chegam até o mundo animal, de onde procede biologicamente o ser humano. O livro do Gênesis ensina que as raízes são profundas, mas reais. E acrescenta que a liberdade humana foi o verdadeiro desencadeante do mal. Ou, dizendo de outra maneira, que o ateísmo, a negação a Deus, não é algo originário, pois somente se o ser humano "voluntariamente separa de Deus seu coração" é possível falar de "culpa".[1] Bastam estas indicações para mostrar o interesse que pode ter uma apresentação renovada e atualizada da doutrina do pecado original.

## Uma doutrina nem sempre bem compreendida

Embora haja autores que consideram que a doutrina do pecado original está superada e caduca, e embora nos últimos anos se tenha escrito pouco sobre o tema, o certo é que o último *Catecismo da Igreja Católica* dedica-lhe um amplo espaço. E sempre, de uma ou de outra maneira, o pecado original aparece tanto na liturgia como no discurso eclesial.

Os discursos sobre o chamado pecado original defrontam-se sempre com uma série de dificuldades. Não existe uma definição oficial clara do pecado original. O Concílio de Trento, quando fala dele, supõe que todos os seus leitores sabem sobre o que se está falando, mas não oferece uma descrição a respeito sobre o que consiste esse pecado. Neste terreno, mais que em outros, é necessária a reflexão teológica.

Se prestarmos atenção ao Concílio Vaticano II, "o que a revelação nos diz (sobre o pecado original) coincide com a experiência".[2] Se isto assim é, o que a Revelação diz deveria ser fácil de entender e de explicar. O certo é que assim não é. Crentes e até alunos de teologia experimentam dificuldades

---

1. *Gaudium et spes*, 19.
2. *Gaudium et spes*, 13.

para aceitar e entender a doutrina do pecado original. Muitas catequeses se limitam a oferecer uma série de afirmações, sem demasiada explicação nem justificativas. Se essas catequeses falam de experiência referem-se, no máximo, ao "pecado do mundo". É a experiência de que nascemos em um mundo onde existe pecado, onde todos pecam e que está construído sobre estruturas de pecado. Todavia, já não se costuma ir além disso. Já não se inquire sobre como apareceu esse pecado, quais são suas motivações, suas raízes profundas, e como é possível que este pecado pareça mais forte e determinante que o bem. Costuma-se dizer, isso sim, que foi Adão que transmitiu o pecado original a toda sua descendência, mas não se explica como pode transmitir-se o pecado pelo simples fato da geração.

A doutrina do pecado original está ligada à doutrina do sacramento do batismo. A catequese também encontra dificuldades no momento de explicar esta relação, pois não se mostra fácil compreender que nascemos no pecado. Nascer em pecado! Parece, inclusive, uma aberração. Será que a necessidade do batismo provém fundamentalmente de se ter nascido em um pecado que tem sua causa em um remoto antepassado difícil, quando não impossível, de determinar? Ao relacionar batismo e pecado original é quando aparece a pessoa de Jesus Cristo. Porém, na catequese, não é costume mencionar o pecado original. Parece algo assim como se o pecado se explicasse por si mesmo, e a referência a Cristo fosse dada posteriormente, não para explicar o pecado, mas para remediá-lo.

Além disso, existe uma série de perguntas que sempre aparecem ao tratar sobre o pecado original e que, não obstante, costumam silenciar-se ou passar-se por alto nos textos escritos, e caso se trate delas é para repetir os dados mais tradicionais, sem entrar em detalhadas explicações. O teólogo deve oferecer uma explicação, por modesta que seja. O teólogo não só deve oferecer o dado, mas iluminar a inteligência, consciente dos problemas que surgem quando alguém se interroga e consciente de que muitas perguntas não têm respostas plenamente satisfatórias; consciente também de que cada resposta pode suscitar novas perguntas, e sabendo distinguir, além do mais, o que é doutrina comum da Igreja e o que é fé da Igreja. A primeira é revisável e até discutível; a segunda é interpretável, mas sempre que se mantenha seu sentido.

Existem alguns temas que sempre surgem, de um modo ou de outro, quando se trata do pecado original. Não vou me esquivar do seu tratamento no momento oportuno, mesmo dando-lhes a importância que têm. Um destes temas é a teoria da evolução; na atualidade, apresenta-se bastante assumida a compatibilidade das teses evolucionistas com a doutrina teológica da criação, mas não se refletiu suficientemente sobre a incidência que a teoria da evolução pode ter na teologia do pecado original. Outro tema é a identificação da serpente, da qual fala o relato do capítulo 3 do Gênesis, com o diabo ou Satanás (o sedutor do mundo inteiro, que começou seduzindo Adão e pretendeu também seduzir Jesus). E, finalmente, penso na declaração dogmática sobre Maria, "concebida sem pecado original".

**Esclarecimento terminológico**

A tradição engloba dois aspectos relacionados, mas distintos, sob o nome de pecado original. Por um lado, designa o primeiro pecado, o pecado das origens da humanidade, que, fundamentalmente, consistiu em uma ruptura do ser humano com Deus; por outro lado, a expressão pecado original se refere ao pecado transmitido, à situação de pecado na qual nasceriam todos os humanos; de acordo com o meu modo de entender, este segundo sentido designa certa ausência consciente de Deus (vistas as coisas a partir do lado humano) na vida de cada nascido enquanto não se encontra livremente com ele. Pecado original é ruptura e ausência. Uma ruptura consciente e voluntária com Deus que ocorreu já no início da história humana, e uma ausência de Deus em cada ser humano, consequência desta primeira ruptura. Esta ausência não é fácil de compreender, porque Deus nunca nos abandona, sempre está conosco; a vida somente é possível porque ele a sustenta. E a criança recém-nascida não fez nada para expulsar Deus de sua vida. Será preciso explicar, pois, em que sentido essa palavra – pecado – é adequada para designar a situação em que nascemos.

Em teologia, conhece-se como pecado original originante o de Adão, o primeiro pecado do ser humano. E, como pecado original originado, o pecado contraído, com o qual, como se diz, todos nasceríamos como consequência do pecado de Adão. Por outro lado, a compreensão do pecado originante exige um estado prévio de não pecado, pois, do contrário, isso só poderia significar que Deus criou o ser humano no pecado. A teologia designa como estado original a situação dos seres humanos antes do pecado, que se corresponderia à vontade original de Deus e que o ser humano frustrou.

**Um livro escrito para meu próprio deleite**

Tenho passado muitos anos ensinando antropologia teológica. Escrevi alguns textos sobre criação, pecado original e graça, mas, ultimamente, vim notando que a questão do pecado original necessitava de uma proposta renovada e menos agarrada aos esquemas habituais dos manuais. Por isso, este livro não é exatamente um manual, embora eu entenda que possa servir para os estudantes de teologia. Minha reflexão não está dividida, como acontece em muitos manuais, em dois capítulos fundamentais, um que trata do chamado "estado original" (a situação na qual, supostamente, estavam os seres humanos antes do pecado ou, de maneira mais precisa, a situação que poderia ocorrer no caso de não haver pecado) e outro que trata do pecado original propriamente dito. Procuro uma reflexão mais global e unitária. Nem mesmo ofereço uma história das doutrinas, embora, certamente, tenha estado muito atento a ela. Este livro é um ensaio, uma síntese pessoal, uma tentativa de autoesclarecimento. É um livro que surgiu pausadamente, escrito para meu próprio deleite. Ser-me-ia muito gratificante se meu esclarecimento servisse para outros, mesmo que fosse como reação ao que digo, que é outra forma de estimular o pensamento.

Oferecer uma explicação do pecado original que se mostre crível para nossos contemporâneos – e, em primeiro lugar, crível para os próprios crentes – não é fácil. Aí está, parece-me, a oportunidade de minhas reflexões. Caso consiga fazer-me compreender, se conseguir que se veja a coerência da fé, se por trás da leitura deste livro o leitor ao menos se tornar pensativo, se deixar de considerar chocante, estranha, incompreensível ou impossível a doutrina do pecado original, então poderemos dar-nos por satisfeitos e consideraremos alcançado o objetivo.

# 2. Pecar, o contrário de crer

**Uma linguagem peculiar**

Existem linguagens próprias de determinados grupos que só são compreendidas plenamente pelos seus participantes, porque se pressupõem determinados sentimentos, atitudes, situações ou conhecimentos. A Igreja (o grupo, a assembleia cristã) tem sua própria linguagem, com a qual confessa sua fé. Linguagem sempre necessária, mesmo que em certas ocasiões precise ser explicada, inclusive em face dos próprios adeptos. É impossível confessar a fé sem conhecer, mesmo que seja de forma elementar, a linguagem da Sagrada Escritura. A partir desta linguagem escriturística, criou-se uma linguagem eclesial – devido às circunstâncias históricas nas quais a Igreja viveu – com a qual ela expressou e adaptou o que é e o que crê. Se quisermos hoje expressar com exatidão nossa confiança em Deus e em sua palavra, se quisermos louvá-lo e compreendê-lo, mesmo que seja de uma maneira pobre e limitada devido à nossa essencial finitude, incapaz de alcançar totalmente o infinito, não temos outra opção senão nos referir a essa linguagem.

Nós, crentes, também devemos buscar o modo de sermos compreendidos pelos descrentes. Não devemos esquecer que a Igreja nem pode nem quer ser "romana" em prejuízo de sua universalidade. Nesta busca de compreensão universal será preciso utilizar outra linguagem, a do mundo, a das diversas culturas. Isto exige algo mais que a simples mudança de palavras. Proferir a fé em novas culturas não é um assunto terminológico, mas ideológico: "A Palavra de Deus não passa por onde a palavra humana não expressa uma comunhão *verdadeira* com nosso interlocutor", escreveu antes do Concílio Vaticano II uma pessoa adiantada como foi P. Chenu.[1] Esta é a lei da encarnação, que continua no tempo e no espaço enquanto durar o tempo da Igreja.

A fé não é um assunto privado; deve afirmar-se publicamente. Mas para proferi-la com a linguagem do mundo é necessário antes havê-la compreendido, ter mergulhado em sua própria linguagem. Não se trata de entoar um canto à ortodoxia, à precisão e retidão da expressão, como se na ortodoxia estivesse a salvação. A salvação, para o cristão, está em Jesus Cristo, encarnado, morto e ressuscitado. Mas, sim, trata-se de compreender, do melhor modo possível, Jesus e sua mensagem, com todas as repercussões que tem. Porque aquele que ama deseja conhecer, cada vez melhor, o amado. Esta é a razão pela qual não podemos prescindir da linguagem bíblica, na qual as primeiras testemunhas nos transmitiram o acontecimento salvífico, e da linguagem eclesial, com a qual a Igreja compreendeu, acolheu, defendeu, manteve e atualizou, ao longo da história, o acontecimento cristão.

A palavra "pecado", com tudo o que significa, é uma dessas palavras que, ao longo da história, terminaram transformando-se em confessionais, a tal ponto que fora da Igreja praticamente não é utilizada ou, caso se utilize, é em um sentido afastado daquele que lhe dão os crentes. Em linguagem corrente, o termo "pecado" pode, inclusive, ter um sentido muito positivo e favorável. "Estes homens estão de pecado", costuma-se dizer com intenção ponderativa, querendo dizer que estão bem. Fala-se também de "este amigo dos teus (ou

---

1. M. D. Chenu, OP, *L'Évangile dans le temps*. Du Cerf, Paris 1964, 264. Tradução espanhola: *El Evangelio en el tiempo*. Estela, Barcelona 1966, 252.

dos meus) pecados", às vezes com certa ironia, mas querendo dizer "este amigo querido".

Evidentemente, o cristianismo não tem a exclusividade da palavra "pecado" nem a inventou, mas a transformou, dando-lhe um sentido próprio, religioso, confessional, cristão. O Novo Testamento, para designar o pecado, emprega um termo grego, *hamartia*, que, tal qual o termo latino *peccatus*, se traduz como "erro" e tem o sentido de ultrapassar os limites do que é justo, falhar, não acertar o alvo, não conseguir o objetivo. O conceito alude a viver à margem do essencial devido a uma atitude errônea não consciente, a uma ignorância ou desconhecimento. Daí que na tragédia clássica (Sófocles) esteja relacionado com a cegueira (o destino) fatal do homem, e nas religiões mistéricas, a gnose, o conhecimento, seja o remédio da culpa. Sejam suficientes estes dados, porque não se trata aqui de registrar a história da palavra. Não obstante, o que importa é notar que na medida em que para o homem religioso Deus é o critério do justo e do injusto, o conceito de *hamartia* mostrar-se-á adequado para referi-lo à relação do ser humano com Deus.

**Referência a Deus**

Hoje, quando na catequese ou na pregação eclesial se fala de pecado, muitos ouvintes pensam em determinados atos considerados maus, perniciosos, prejudiciais. Possivelmente pensam em algo mais: tais atos ofendem a Deus. Em muitas ocasiões, acaba aí a reflexão e a compreensão. Talvez bastasse uma simples pergunta para fazê-las avançar um pouco mais: o que significa o ato de ofender a Deus? Causar-lhe dano, maltratá-lo, causar-lhe maldade ou desagrado, injuriá-lo? Na atualidade, é frequente ouvir que não ofende aquele que quer, mas aquele que pode. Evidentemente, caso se trate de causar dano a Deus, não vejo de que modo isto possa ser possível. Caso se trate de molestá-lo, não fisicamente, mas espiritual ou psicologicamente, então a coisa torna-se mais plausível, embora sempre caiba perguntar se uma ação humana, tão pequena e tão distante, pode molestar quem por definição é absoluto e transcendente. E também cumpre perguntar pelo tipo de sensibilidade, serenidade ou irritabilidade que atribuímos a um Deus que se ofende. A ofensa, se é que ela existe, pressupõe um tipo de relação, não a relação com alguém que se enfada por que não se obedece a ele, mas a relação com alguém que ama e, por isso, magoa-o saber que o amado não está bem. E não está bem quando rompe com o bem.

Mais que na ofensa, existe uma intuição válida na referência do pecado a Deus. Pecado tem a ver com a relação entre o ser humano e Deus. Será preciso determinar o modo, o como, o sentido, o nível desta relação. Esta intuição alcança o mais radical, essencial e próprio do pecado. Surpreendentemente, a Carta aos Romanos não opõe o pecado à virtude, nem à lei, nem mesmo à lei de Deus, mas à fé: não atuar conforme a fé é pecado (Rm 14,23). O contrário de fé é o pecado. E o que é fé? Uma palavra polissêmica. Podemos entender por fé uma crença, um tipo de conhecimento: "Creio que amanhã vai chover". Sob este ponto de vista, a fé é um conhecimento inseguro. É possível que amanhã chova, mas o contrário também é possível. Mas, por fé, podemos entender um encontro existencial, uma relação pessoal, uma confiança incondicional em uma pessoa: "Eu acredito em ti, acredito". Fé é apoiar-me em outro, estar seguro a respeito do outro, embora as aparências, às vezes, pareçam convidar ao contrário. A fé é o resultado de um encontro pessoal, de uma relação profunda, de uma experiência mais forte que todas as aparências. Aí é que a palavra "fé", aplicada a Deus, encontra seu sentido mais perfeito. Deus é seguro, firme como uma rocha. Aquele que se apoia nele não vacilará. A fé é, assim, o modo eminente de me relacionar com Deus, de acolher sua palavra de vida.

Se o contrário de fé é o pecado, então não é no plano moral (no do agir), mas no plano teologal (nele, nos encontramos com Deus ou nos separamos dele) que está o essencial do pecado. Mais que outra ação, pecado é uma atitude, uma expressão do meu ser. Não é a transgressão de uma norma, mas a ruptura de um laço pessoal. Só à luz de Deus se compreende o pecado. Sem Deus, existem erros, equívocos, delitos. Somente diante de Deus pode uma pessoa considerar-se pecadora. Esta compreensão de pecado nos obriga a interrogar-nos sobre o que queremos dizer quando dizemos Deus. A ideia de Deus, a possibilidade de conhecê-lo e o tipo de relação que possamos estabelecer com ele será o básico para compreender o pecado, para compreender a ruptura dessa relação. Para aquele que esteja convencido de que Deus, e de maneira concreta o Deus cristão, é o sentido e ponto de apoio de sua vida, então, evidentemente, a ruptura com esse Deus é a falta de sentido e a falta de todo apoio. Isso é pecado: a falta de sentido, uma vida sem referências, sem apoios, uma vida vazia, uma desorientação total. "Eu sou o caminho, a verdade e a vida", diz Jesus a respeito de si mesmo, ao mesmo tempo em que revela Deus. Romper com ele é viver na desorientação, na mentira e na morte. Tal é a importância de uma reflexão dogmática, antes que moral, sobre o pecado.

### Através de mediações

Também o quarto Evangelho contrapõe o pecado à fé. O pecado dos judeus é não crer em Jesus, o perfeito revelador do Pai (Jo 16,9; cf. Jo 8,24; 15,22). Apesar dos grandes sinais que Jesus havia realizado, os judeus não acreditavam nele (Jo 12,37). E como crer em Jesus é crer naquele que o enviou (Jo 12,44), recusar Jesus transforma-se em um afastamento do próprio Deus. Nestes e outros textos do Evangelho de João, aparece algo importante para o tema que nos ocupa e, em geral, para toda a teologia: a Deus se alcança ou se rejeita através de mediações. A primeira mediação, a fundamental, para todo encontro com Deus é Jesus de Nazaré. Ver o Filho é ver o Pai (Jo 12,44-50; 14,9-10). Conhecer o Filho é conhecer o Pai (Jo 14,7; 8,19). O Deus que jamais ninguém viu, que nenhum ser humano pode alcançar, o Filho no-lo deu a conhecer (Jo 1,18). O inverso é igualmente certo: rejeitar o Filho é rejeitar o Pai (1Jo 2,23). Na realidade, nas condições deste mundo, o único modo de se encontrar com o Pai é através do Filho, o único mediador entre Deus e os homens. E, ao inverso: através do Filho é que negamos e rejeitamos o Pai. O Deus inacessível só é alcançável e rejeitado através da mediação do Filho. Daí que o pecado sempre tem uma marca, uma mediação cristológica. A teologia passa necessariamente pela cristologia, embora também seja certo que a cristologia não esgota a teologia.

A mediação cristológica do teologal no que se refere ao pecado apresenta um interessante prolongamento antropológico. Hoje, o encontro com Cristo ressuscitado dentre os mortos é sacramental, dá-se através de mediações,[2] sendo o próximo a mediação mais importante no que se refere à recusa de Deus. No Novo Testamento, encontramos alguns textos muito significativos que se referem a nosso encontro com Deus através da mediação de Jesus e a nosso encontro com Jesus através de uma mediação humana. "Quem recebe aquele que enviei recebe a mim; e quem me recebe, recebe aquele que me enviou" (Jo 13,20); "Todo o que recebe um destes meninos em meu nome, a mim é que recebe; e todo o que recebe

---

2. As mediações fundamentais nas quais Cristo ressuscitado hoje se faz presente são: a Igreja (com seus sacramentos, expressões concretas da sacramentalidade da Igreja), a Palavra (mediada concretamente na Sagrada Escritura) e a humanidade comum, cada um dos seres humanos em sua realidade concreta de enfermidade, fome, necessidade. Insistimos nós nesta última mediação. A esse respeito diz Bento XVI: "O Senhor sempre vem ao nosso encontro por meio dos homens nos quais ele se reflete; mediante sua Palavra, nos sacramentos, especialmente a Eucaristia" (*Deus caritas est*, 17 a). A estas mediações dever-se-ia acrescentar, a meu modo de ver, uma quarta: a oração.

a mim, não me recebe, mas aquele que me enviou" (Mc 9,37). No próximo, encontramos Jesus Cristo, e em Jesus Cristo encontramos Deus. E ao inverso: no próximo rejeitamos Jesus Cristo, e em Jesus Cristo rejeitamos Deus. Assim, na cena do juízo final, relatada pelo evangelista Mateus, o Filho do homem, um dos títulos que o Novo Testamento dá a Jesus Cristo, é abandonado no desamparo do próximo. O próprio Jesus estava ali no próximo faminto, sedento e nu, e a ele se rejeitava em não atender ao necessitado: "Todas as vezes que deixastes de fazer isso a um destes pequeninos, foi a mim que o deixastes de fazer" (Mt 25,45).

O teologal do pecado passa pela mediação cristológica e antropológica. A Deus se rejeita no esquecimento e no desprezo ao próximo. A relação positiva ou negativa com Deus passa pelo modo de tratar e entender os outros, e a uma pessoa em relação às outras. Os melhores representantes da teologia foram sensíveis a este respeito. Segundo Tomás de Aquino, existe uma relação intrínseca entre o pecado como ofensa a Deus e o bem ou mal causado ao ser humano: pecar é atuar contra o bem, contra o que é conforme a natureza.[3] Mais clara e diretamente, se for possível, é esta consideração de João Paulo II: a vida humana é inviolável porque nela se reflete a mesma inviolabilidade do Criador.[4] Todo atentado contra Deus está sempre, de um modo ou de outro, mediado, e nele realizado, por um atentado contra o ser humano. Falar de pecado não é falar de "música celestial". Estamos falando da dignidade da pessoa, do bem do ser humano, e de como a negação dessa dignidade e desse bem alcança uma profundidade insuspeita.

O pecado é um assunto teologal e antropológico. Trata-se de minha relação com Deus e do modo de entender a mim

---

3. Cf. *Suma contra los gentiles*, III, 122; *Suma de teología*, I-II, 109, 8.
4. Cf. *Christifideles laici*, 58; *Evangelium vitae*, 53. Esta mediação antropológica do pecado, mais adiante, se mostrará preciosa para entender o pecado original com o qual todos nascemos.

mesmo, de como viver a vida (também em relação com os outros). Daí que, se existe condenação no pecado, é a consequência da posição adotada, mais que uma repercussão extrínseca, uma espécie de resposta em forma de sanção proveniente de fora.

# 3. Pecado da origem e pecado original

**Originante e originado**

A raiz do pecado é a desconfiança, a ruptura com Deus. Existe uma história (história, presente, no sentido de narrativa; se é ou não é um fato acontecido tratarei disso mais adiante) no começo da Bíblia que foi comentada e lida um semnúmero de vezes. O essencial dessa história é precisamente isto: pecado é desconfiar de Deus e consequentemente atuar com essa desconfiança. A partir desse relato e de outros textos do Novo Testamento forjou-se, ao longo da história, uma doutrina dogmática e uma antropologia teológica que ajudaram a compreender o pecado e seu triste cortejo de ódio, mal e morte, que condicionaram a vida humana em seu conjunto. Essa doutrina é conhecida como pecado original.

Já indicamos, e não obstante voltaremos a falar amplamente sobre isso, que a expressão "pecado original" pode ser empregada em dois sentidos distintos, embora muito relacionados. Ao falar de pecado original, podemos nos referir ao primeiro pecado da humanidade, ao pecado das origens, do qual fala o capítulo 3 do livro do Gênesis. O pecado interessa à teologia, não só por ser o primeiro de uma longa lista, mas, sobretudo, por ser paradigma de todo pecado. Nele, encontramos o essencial do pecado.

Além disso, com a expressão "pecado original", podemos nos referir a essa situação na qual, segundo o dogma católico, nascem todos os seres humanos, como consequência do primeiro pecado. Este pecado contraído, com o qual todos nascemos, a teologia e os documentos do Magistério qualificam-no como pecado de natureza mais do que pecado pessoal, mesmo que afete cada pessoa. A teologia adjetivou de duas maneiras o "pecado original" para distinguir o pecado das origens e o pecado com o qual se vem ao mundo como consequência do primeiro: pecado original originante (o de Adão) e pecado original originado (o das pessoas ao nascer).

Se o pecado original originado, tal como acabamos de indicar, não é um pecado pessoal, coisa que o *Catecismo da Igreja Católica* (nº 405) reconhece, como qualificá-lo de pecado? Precisaremos voltar a esse assunto. Mas é necessário esclarecer, já que se trata de um pecado "especial" e que só pode ser denominado pecado em certo sentido, distinto dos outros atos designados por pecado. O pecado original originado não é uma culpa pessoal porque não é um ato pessoal, e sim o resultado do ato pessoal de alguém que me afeta. Mas me afeta de tal maneira que torna necessário que eu me defronte pessoalmente com ele, porque, se não o fizer, as consequências que derivam para minha pessoa podem ser negativas. Uma das dificuldades de compreensão desta doutrina reside precisamente neste qualificativo de pecado. Porém, por outro lado, é difícil, quando não impossível, mudar a linguagem. É mais fácil explicá-la. Inclusive, para mudar esta linguagem, seria necessário, de início, referir-se a ele para saber do que é que estamos falando. Esta terminologia adquiriu tal "carteira de cidadania" eclesial que considero de maior utilidade explicá-la do que mudá-la, pois para mudá-la seria necessário um consenso eclesial e teológico que neste momento ainda não existe.

### Importância da doutrina do pecado original

A teologia do pecado original adquiriu uma grande importância na história da teologia e na catequese da Igreja. Fundamentalmente, por uma razão: era o pressuposto necessário para compreender a necessidade da encarnação e da redenção e, mais concretamente, a necessidade da ação salvífica de Cristo na vida de cada ser humano. Sem pecado original, dir-se-ia que Cristo não teria sido necessário. Um conhecido axioma diz: *lex orandi, lex credendi*: conforme for o modo de orar e de celebrar, assim será o modo de crer. Pois bem, ainda hoje, a liturgia da Igreja, na proclamação da solene noite de Páscoa, começa situando "nosso Senhor Jesus Cristo" como contraponto da "dívida de Adão" e seu "antigo pecado", que qualifica de "necessário" e "feliz culpa" porque mereceu "tal Redentor". Sem dúvida, trata-se de expressões metafóricas, mas as metáforas procuram descrever a realidade. Nessa metáfora, descreve-se o primeiro pecado, nem mais nem menos que como acontecimento feliz e, sobretudo, como acontecimento meritório e necessário para que Cristo se tornasse presente a nós. A esta interpretação (em todo caso bem ajustada à letra da liturgia) sempre se deve responder com a palavra de São Paulo àqueles que o acusavam de pregar o pecado para que fosse abundante a graça: de modo algum, digo isso (cf. Rm 3,8; 6,1.15). Todavia, é melhor evitar mal-entendidos, para não ser preciso depois dar explicações que não são mais que remendos em um rasgão que já não desaparece. Os remendos não são bons arranjos.

Foi Santo Agostinho, de um modo ou de outro, seguido nisto pela maioria dos teólogos, que explicou a graça de Cristo em função do pecado. A falta de Adão compreende-se como um fato histórico. E a elaboração da doutrina do pecado original obedece a esta intenção primordial: proclamar e manifestar a necessidade da graça como socorro indispensável e como realidade interior que vem restaurar no homem sua condição de justiça e sua capacidade para o bem, que Deus lhe deu em Adão. Esta doutrina encontrou no Concílio de Trento sua configuração dogmática definitiva: "O santo Concílio declara que, para entender reta e sinceramente a doutrina da justificação, é mister que cada um reconheça e confesse que, tendo todos os homens perdido a inocência na prevaricação de Adão... Daí resultou que o Pai celeste enviou aos homens seu filho Jesus Cristo".[1] Está claro: a doutrina da justificação pela graça divina só é inteligível à luz do pecado de Adão. Ainda hoje, em muitos escritos catequéticos e de espiritualidade, continua-se considerando o pecado original como o pressuposto indispensável da obra de Cristo. Parece como se a necessidade de Cristo não se pudesse explicar sem recorrer a este pecado. A necessidade de Cristo é a questão de fundo em todas as "defesas" do pecado original e não tanto o pecado original enquanto tal.

Atualmente, parece que a doutrina do pecado original perdeu relevância. Alguns não só negam seu interesse, mas também sua realidade. Alejandro de Villalmonte, teólogo espanhol conhecido e reconhecido por seus estudos sobre o tema do pecado original, ao qual dedicou grande parte de sua preocupação intelectual, terminou sua carreira teológica com um livro, publicado em 1999, significativamente intitulado *Cristianismo sin pecado original*. Para esse autor, a necessidade de Cristo é perfeitamente explicável sem se recorrer à tese do pecado original. Deste modo, o cristianismo torna-se mais crível e mais concorde com a Palavra de Deus.

Pessoalmente, não estou tão convencido de que possamos prescindir dessa doutrina, mas sim o estou de que não se pode apresentar como condicionante da vinda e da obra de Cristo. Minha reflexão procura compreender que a justificação, obra do amor gratuito de Deus, é que nos ajuda a entender o pecado; não é o pecado que explica a justificação, mesmo que, sem dúvida, o pecado tenha a ver com a justificação, mas não como sua única nem principal causa. Dito em outras palavras: Deus não necessita do pecado para nos enviar Cristo, nem o ser humano precisa pecar para ter

---

1. Enrique Denzinger – Peter Hünermann. *El Magisterio de la Iglesia. Enchiridion symbolorum definitionum et declarationum de rebus fidei et morum* (daqui em diante, abreviado, DH), 1.521-1.522.

necessidade de Cristo. Mas o pecado faz que Cristo seja mais necessário que nunca.

## Um capítulo de antropologia teológica

Como viemos dizendo, um dos problemas que lastreia a questão do pecado original é condicionar a necessidade de Cristo à existência desse pecado. O pecado original se transforma assim em algo tão necessário quanto Cristo. Deixa de ser uma realidade histórica, um acontecimento conjuntural, que podia não ter ocorrido, para se transformar em algo necessário. Mas, se for necessário, então não restará outra saída senão culpar Deus por haver provocado tal desastre para que, assim, tivesse sentido o *acontecimento Cristo*. Esta conclusão parece-me inaceitável e nos obriga a situar a doutrina do pecado original no âmbito da antropologia teológica, e não da cristologia. A antropologia teológica, por ser teológica, encontra sentido e luz na revelação que Cristo nos faz do Pai. Porém, não é propriamente cristologia. Deste modo, o pecado original não é um pressuposto ou um prolegômeno da cristologia, mas uma doutrina que, à luz de Cristo, ajuda a explicar melhor a situação do ser humano em sua relação com Deus. Pascal dizia que sem o mistério do pecado original, o ser humano não podia compreender-se nem conhecer-se.[2] A boa proposta é outra: só à luz de Cristo se compreende o ser humano. A esse respeito o Vaticano II tem um texto orientador:

"O mistério do homem só se esclarece no mistério do Verbo encarnado. Porque Adão, o primeiro homem, era figura daquele que havia de vir, ou seja, Cristo, nosso Senhor. Cristo, o novo Adão, na mesma revelação do mistério do Pai e de seu amor, manifesta plenamente o homem ao próprio homem e descobre-lhe a sublimidade de sua vocação. Aquele

---

2. *Pensées* (edição Brunschvicg), 434.

que é imagem de Deus invisível (Cl 1,15) é também o homem perfeito, que devolveu à descendência de Adão a semelhança divina, deformada pelo primeiro pecado. Nele, a natureza humana assumida, não absorvida, foi elevada, também em nós, à dignidade sem igual. O Filho de Deus, com sua encarnação, uniu-se, de certo modo, a todo homem."[3]

É importante que se retenha várias informações deste texto:

1. Cristo ilumina o mistério do ser humano. O homem, por si só, desconhece muitas coisas a seu próprio respeito. Para acabar por estragá-lo, sua situação de pecado obscurece sua consciência, "aprisiona a verdade na injustiça" (Rm 1,18). Pois bem, não é com base em novas ideias ou novas doutrinas, ou a partir de figuras mitológicas, que se revela a pessoa, mas a partir de outra pessoa, concreta, histórica; em nosso caso, a partir de Jesus de Nazaré. Só uma pessoa pode revelar a pessoa. Cristo é o "homem perfeito", o ser humano plenamente realizado segundo a vontade de Deus, a perfeição e medida do humano. Por isso, nele se revela o que é o ser humano, tal como Deus o quer. Olhando para ele, poderemos saber ao que ater-nos em nossa busca de uma humanidade plena e acabada, pois nele se descobre "a sublimidade de nossa vocação", isto é, a maravilha a qual fomos chamados: sermos imagens de Deus.

2. O primeiro homem, Adão, era só a "figura" de Cristo, ou seja, um esboço imperfeito que não alcançou a meta para a qual foi chamado. Esta meta consistia em "ser como Cristo", plenitude do humano. A configuração com Cristo é a vocação última e definitiva de todo homem. O pecado, a recusa de Deus, fez que Adão se desviasse de sua meta. Por este motivo, não pode ser modelo do humano, mas do caminho que

---

3. *Gaudium et spes*, 22.

não se deve tomar. Com Cristo, ao contrário, nos é devolvida a semelhança divina, nossa verdade e dignidade, deformada e obscurecida pelo pecado.

3. Cristo, ao devolver à descendência de Adão a semelhança divina que o pecado deformou, realiza aquilo a que estava chamado o primeiro homem e ao que está chamado todo ser humano que vem a este mundo: "Através da encarnação, Deus deu à vida humana a dimensão que queria dar ao homem desde seus princípios, e a deu de maneira definitiva".[4] Com Cristo, se consegue e se realiza a humanidade que Deus desde sempre quis. O homem que Deus, de antemão, se propôs, desde antes da criação, realizou-se com Cristo na plenitude dos tempos (cf. Ef 1,9-10). Se ele pode iluminar a condição humana, é porque dela compartilha. E assim o homem Jesus se converte em modelo do ser humano. Nele, "o homem volta a encontrar a grandeza, a dignidade e o valor próprios de sua humanidade".[5]

Finalmente, afirma-se algo que se situa em nível distinto do "puramente" humano. Não se trata só de que em Cristo encontremos o homem acabado, perfeitamente realizado. Acrescente-se que esta perfeição alcança, elevando-o, todo ser humano. Para isso, o Filho de Deus uniu-se com todo homem. A encarnação não só concerne a Jesus Cristo, mas a toda a humanidade. Como? Não se explica: "de certa maneira" é que se diz. Sem dúvida, nós, seres humanos, nos realizamos graças à influência dos outros. Mas este ato, de alcançar Jesus Cristo, deve-se a uma razão mais profunda: "Por meio de seu Espírito restaura-se internamente todo o

---

4. João Paulo II, *Redemptor hominis*, 1.
5. Id., n. 10. A base de toda esta iluminação cristológica do humano está na criação do homem em Cristo. Cristo é o modelo a partir do qual foi criado o ser humano. Cf. Luis F. Ladaria, "Cristo, perfecto hombre y hombre perfecto", em Enrique Benavent Vidal e Ilaria Morali (eds.). *Sentire cum Ecclesia. Homenaje al Padre Kart Josef Becker*. Faculdade de Teologia San Vicente Ferrer, Valência 2003, 171-185.

homem".[6] O Espírito de Jesus nos alcança no mais profundo de nosso ser, para renovar-nos, tornando-nos "capazes de amar" novas criaturas que vivem uma vida nova, pensando e atuando como Jesus. Jesus Cristo não só é modelo de humanidade, mas chave, motivo, razão e causa de humanização, de nova humanidade.

Cristo é determinante da compreensão do ser humano. E é determinante com ou sem pecado original. Sem pecado original, o ser humano teria chegado a Cristo, conseguindo assim a perfeição do humano, com outros condicionantes mais positivos que os da atual humanidade. O pecado original não truncou o plano de Deus ao criar o ser humano à sua imagem e semelhança. Este plano era precisamente alcançar a maturidade em Cristo (Ef 4,13), perfeita e acabada imagem de Deus (2Cor 4,4). Mas que, ao obscurecer a imagem de Deus no ser humano, condicionou os caminhos para consegui-lo. Não só no primeiro ser humano que pecou, mas em todo ser humano. Assim, o interpretou a tradição da Igreja quando afirma que o primeiro pecado teve consequências nefastas para toda a humanidade.

**O que a revelação diz coincide com a experiência**

A doutrina eclesial do pecado original resulta luminosa porque explica um dado da experiência, ou seja, a contradição na qual todo homem vive, e o mal pelo mal que tantas vezes aflora na vida individual e coletiva.

Não se trata, portanto, de uma especulação abstrata.[7] Tem relação com a experiência. Busca responder à per-

---

6. *Gaudium et spes*, 22.
7. Paul Ricoeur diz que Santo Agostinho, em sua luta antignóstica, acabou fazendo uma doutrina quase gnóstica do pecado original (cf. *Simbólica del mal*. Asociación Editorial La Aurora, Buenos Aires 1976, 5-23). Não me parece que o pecado original seja uma doutrina secreta para iniciados.

gunta sobre a coexistência do bem e do mal na natureza humana, considerada tanto pessoalmente quanto coletivamente.

*Alguns dados da Escritura*

Em sua Carta aos Romanos, São Paulo se questiona sobre o mistério da coexistência do bem e do mal na própria pessoa: "Realmente, meu proceder não o compreendo, pois não faço o que quero, e sim o que detesto. Não faço o bem que quero, mas sim o mal que não quero" (Rm 7,15.19). Paulo só encontrava uma explicação: "O pecado habita em mim" (Rm 7,17.20). Segundo a exegese mais aceita, este texto descreve a situação na qual se encontra o pecador. O pecador vive uma contradição, pois, na realidade, quer fazer o bem, mas não pode: o pecado o tenta e o incita ao mal.

Em outra de suas cartas, Paulo constata esta situação de tensão na pessoa justificada e na graça de Deus: "A carne tem apetências contrárias ao Espírito, e o Espírito contrárias à carne, a ponto de ser entre si tão opostos, que não fazeis o que quereis" (Gl 5,17). Também o justificado, aquele que vive no amor de Deus, sente que em seu ser existem apetências contrárias daquelas para as quais o Espírito divino o guia. Esta tensão que viemos descrevendo, tanto no pecador quanto no justo, faz de toda a vida humana uma luta entre o bem e o mal. Todavia, existe uma diferença entre o justo e o pecador: no justo, o que triunfa é o bem; no pecador, é o mal. Mas a luta está aí, é própria de toda existência. Também o justo sente que, de certa maneira, o mal, mesmo na forma de tentação, de sedução, habita nele. Como é possível isto? Por que essa tentação, por que todas as pessoas sofrem a perseguição do mal e, infelizmente, muitas experimentam sua dominação?

A parábola do trigo e do joio trata sobre a existência do bem e do mal na história, na cultura e na sociedade: um homem bom – como bom é o Pai do céu – semeou boa semente em seu campo e tudo fez bem, como o Criador fez um mundo bem feito e um ser humano muito bem feito. Mas, não se sabe muito bem como, veio seu inimigo e semeou joio entre o trigo. Desde então, o trigo e o joio coexistem até o fim dos tempos, a ponto de que ser difícil distingui-los em certas ocasiões. Por isso, sempre se corre o perigo de arrancar o trigo ao se pretender extirpar o joio (cf. Mt 13,24-30). Será esta dificuldade de arrancar o joio em estado puro uma advertência sobre o fato de que qualquer obra má pode ter algo bom e, também, ao contrário, toda obra boa está inexoravelmente estigmatizada pelo egoísmo?

Como viver evangelicamente, perdoar o inimigo, manter a calma, desterrar todo aparecimento de ódio no meio de tantas situações dramáticas pelas quais passaram tantos seres humanos, massacres, violências, limpezas étnicas, guerras impiedosas, espezinhamento de todo direito, torturas, assassinatos coletivos, ódios raciais e, resumindo tudo sob um só título, Auschwitz, além de situações posteriores de análoga desumanidade? No meio de tanta tragédia, até nos mais santos aparece a indignação e o protesto contra Deus. Mas também entre os próprios torturadores, entre os próprios assassinos, como não valorizar determinados comportamentos de piedade que, de vez em quando, apareciam e contribuíam para mitigar tanto mal? Sem dúvida, a parábola do trigo e do joio trata da coexistência do bem e do mal no conjunto da história, embora também pudesse aplicar-se aos diferentes níveis do próprio coração. Pois, definitivamente, o que acontece na sociedade não é mais do que um reflexo do que ocorre com a pessoa. O egoísmo aparece no bem, mas o arrependimento também aparece no mal.

*Dados antropológicos*

Se pensarmos bem, o mal só é possível a partir do bem que o sustenta.[8] O mal absoluto destruir-se-ia a si mesmo. Coisa que não acontece com o bem: o bem não necessita do mal para brilhar. O mal necessita do bem para existir. Por que, podendo existir só o bem, existe também o mal? Pode-se fazer o mal e, ocasionalmente, parece que se faz sem motivo: o mal pelo mal. Não o mal para conseguir um suposto ou real bem – mato meu rival para ocupar seu lugar ou para satisfazer-me com seu alimento –, mas aquele que parece brotar dos próprios instintos que se impõem ao bem. São comportamentos livres, mas dificilmente explicáveis, porque provocam repugnância na maioria das pessoas. Penso na violação anal de uma menininha de três anos, por seu pai, de 25, da qual tratam os jornais enquanto escrevo estas linhas. Este comportamento não parece puramente animal: tem traços que escapam da pura animalidade.

Alguns antropólogos falam de "transanimalidade" no ser humano, cujas melhores manifestações seriam sua capacidade de fabricar ferramentas, sua capacidade artística e de abstração e o fato de enterrar seus mortos. Pergunto-me se outra característica transanimal do ser humano, não positiva como as anteriores, mas sim muito negativa, seria sua capacidade de praticar o mal pelo mal, o mal que vai "mais além", que se situa em um nível diferente do puro instinto que move todo pai a respeitar seus filhinhos. Como é possível que o instinto sexual anule o instinto paterno, o natural carinho que desperta uma menina que é quase um bebê? Se isto fosse um traço animal, evitaria que esse pai fosse responsável por seus atos. É um traço transanimal negativo.

---

8. Pelo contrário, existe quem sustenta que "os males são anteriores aos bens. Os males são a origem do bem" (Javier Echevarría, *Ciencia del bien y del mal*. Herder, Barcelona 2007, 19).

Por outro lado, o animal humano é capaz de potencializar o mal, combinando-o com o bem: o bem da investigação médica aplicado para torturar prisioneiros, ou o bem da energia atômica empregado para fabricar bombas mortíferas. O mal é potencializado caso se junte com um bem. Esta coexistência, em diferentes níveis, do bem e do mal coincide com a própria entranha do humano.

*Dados filosóficos*

A reflexão teológica é sensível à universalidade do mal e à sua inevitabilidade que, mesmo assim, continua sendo resultado da liberdade. Kant começa seu *Religión dentro de los limites de la razón* com estas significativas e *antirrousseaunianas* palavras: "Que o mundo está (jaz ou radica) no mal (*das die Welt im Argen liege*) – e não simplesmente que o mundo está mal – é uma queixa tão antiga quanto a história", coisa que Kant contrapõe ao fato de que "todos fazem começar o mundo pelo bem".[9] O mal, segundo Kant, está enraizado na natureza humana; daí a propensão que ela tem a escolher o mal, embora "tenha de ser possível prevalecer sobre esta propensão, pois ela se encontra no homem como ser que atua livremente".[10] A propensão é perfeitamente compatível com a liberdade e, portanto, com a responsabilidade.

Tudo isto faz que a existência humana fique marcada pela tragédia. Meu colega José Vidal Talens[11] recorda, a este respeito, duas metáforas de Kant: uma, a "insociável sociabilidade dos homens", que fala da necessidade que temos dos outros para realizar-nos como seres humanos e a busca egoísta de

---

9. I. Kant, *La religión dentro de los limites de la mera razón*. Alianza Editorial, Madri, 1995, 29.
10. Id., 47. Kant refere-se repetidamente ao "profundo enraizamento dessa propensão para o mal no arbítrio" (id., 44; também no fim da página 46).
11. José Vidal Talens, *La fe cristiana y sus coherencias*. Faculdade de Teologia, Valência, 2007, 52-53.

nós mesmos. A outra diz: "De uma haste tão torcida da qual está talhado o ser humano nada pode ser trabalhado direito", que Isaiah Berlin utilizou como título de um dos seus trabalhos, no qual se pode ler: "Emanuel Kant, um homem muito afastado do irracionalismo, disse uma vez que da madeira torcida da humanidade nada reto se fez. E, por esta razão, não existe solução perfeita possível para os assuntos humanos, não só na prática, mas também por princípio, e qualquer tentativa resolvida a alcançá-la é provável que conduza ao sofrimento, à decepção, ao fracasso".[12]

## Orientações da teologia

A constituição *Gaudium et spes* (n. 13) relaciona o pecado original com a experiência da impotência que, às vezes, sentimos diante do mal, e também com a coexistência entre o bem e o mal em todos os âmbitos do humano. Refere-se ao pecado ocorrido "no próprio exórdio da história" para passar, a seguir, a tratar de nossa situação atual: "O homem, quando examina seu coração, comprova sua inclinação para o mal e se sente imerso em muitos males". Mas, como no ser humano existe também uma aspiração a realizar-se segundo o bem, como em tudo o que faz só busca seu bem (o que ele considera, mesmo que equivocadamente, seu bem), a sedução do mal o desorienta "tanto no que toca à sua própria pessoa, quanto às relações com os outros e com o resto da criação". Acrescenta, ainda, o texto do Vaticano II: "É isto o que explica a divisão íntima do homem. Toda a vida humana, a individual e a coletiva, apresenta-se como luta, e certamente dramática, entre o bem e o mal, entre a luz e as trevas. Mais ainda, o homem se nota incapaz de dominar com eficácia por si só os ataques do mal, a ponto de sentir-se como aprisionado entre correntes".

---

12. Citação empregada também por José Vidal, *op. cit.*, 50.

Duas coisas são afirmadas neste importante texto, aplicáveis tanto ao pessoal quanto ao social, ao histórico e ao coletivo: primeira, a vida humana é uma batalha, uma tensão entre o bem e o mal; segunda, existem males que o ser humano parece não poder dominar nem controlar. É aí que o Concílio situa à luz da Revelação, pois "o que a Revelação divina nos diz coincide com a experiência. À luz desta Revelação, a sublime vocação e a miséria profunda que o homem experimenta encontram simultaneamente sua última explicação". Se a Revelação cristã responde à experiência humana, a explica e a ilumina, então é muito importante escutar sua resposta. Porque "a fé orienta a mente para soluções plenamente humanas";[13] "a Revelação divina pode dar a resposta que defina a verdadeira condição do homem, dê explicação a suas enfermidades e permita conhecer simultaneamente e com acerto a dignidade e a vocação próprias do homem".[14]

Agradece-se toda explicação que possa ajudar a nos conhecer. Pois bem, existem conhecimentos que se mostram desanimadores. Já de início, isso é o que poderia parecer a doutrina do pecado original: o ser humano é um pecador, nasce pecador e o pecado o acompanha, sempre. Vista dessa maneira, a doutrina do pecado original parece corroborar os ares pessimistas que atualmente correm pelas melhores reflexões filosóficas e teológicas. A experiência do mal e a impotência que sentimos diante dele conduziram a sociedade atual a uma crise de esperança. Vivemos tempos de desesperança. Cada vez torna-se mais claro que a política pode solucionar problemas – às vezes à custa da provocação de outros –, mas não criar uma sociedade perfeita na qual tudo esteja resolvido. É possível um lugar em que toda lágrima seja enxugada e desapareça todo mal? (Ap 21,4).

---

13. *Gaudium et spes*, 11.
14. *Gaudium et spes*, 12.

Que podemos esperar do ser humano? Parece que "mais que o mesmo". Surge, então, a pergunta sobre se é possível uma saída para o humano, mesmo que se tenha de esperá-la para além das possibilidades do ser humano. Para a ciência e a filosofia, a verdade não é, por princípio, interessante. A teologia postula que existe uma Verdade, com V maiúsculo, que, diferentemente das verdades minúsculas, é salvífica. Desde a fé cristã, a resposta à pergunta pelo sentido da vida é positiva e boa. Isso significa que a questão do pecado não termina na desesperança, e sim na pergunta pela salvação. Portanto, o tema do pecado original não pode fechar-se sobre si mesmo, mas deve abrir-se à possibilidade de uma intervenção histórica de Deus que salve a criatura humana. Nem Deus fez o homem mal feito, nem seu projeto de vida ficou truncado pelo pecado. Só se o pecado é um fato histórico, e não natural, mesmo que tenha estigmatizado a natureza, é possível a salvação. É muito importante recalcar a "historicidade" do pecado original, como teremos ocasião de ver.

Do pecado original como doutrina que sustenta a esperança, do pecado original como diagnóstico da tensão na qual vive o homem e nas desorientações de nossa sociedade, como explicação do mal que nos persegue, vamos tratar nos capítulos que seguem. Começamos por nos inquirir sobre os pressupostos desta doutrina do pecado original, pois, se houve pecado, isto significa que o ser humano podia pecar e podia não pecar. O pecado não é um ato necessário, resultado de uma natureza mal feita. Pressupõe necessariamente um ser livre, capaz de decidir-se por um ou outro caminho. Esta liberdade, a pessoa a experimenta como um dom, como dom é a vida. É possível interpretar este dom ou, se assim se preferir, a realidade da vida e da liberdade, como fruto do azar e do acaso. Não é esta a resposta da antropologia cristã, como veremos em continuação.

# 4. O ser humano "quase como um Deus"

Tratamos, neste capítulo, dos pressupostos do pecado. O que torna possível o pecado, e em que condições pode ocorrer? O pecado pressupõe a bondade da criação, a liberdade da pessoa, sua capacidade para o bem, e que o ser humano, nas condições deste mundo, sempre se relaciona com Deus pela fé.

A primeira página da história da salvação é uma página de graça. Nela, se narra a bênção original de Deus, a Palavra boa de Deus sobre toda sua obra, especialmente sobre o ser humano: "Deus criou o ser humano à sua imagem. Deus os abençoou" (Gn 1,27-28).

## De onde vem o ser humano? Evolução e criação

"Deus criou o ser humano". Se perguntarmos à ciência por este mamífero placentário, bípede, bimano, com capacidade de reprodução, dotado de linguagem articulada, com um corpo composto por bilhões de células, com órgãos sensoriais que o colocam em comunicação com o mundo exterior, que identificamos como humano, nos dirá que é resultado da evolução do mundo animal.

Deus não parece necessário para explicar esse resultado. A célula com núcleo, peça básica com a qual somos formados animais, apareceu faz uns 2.700 milhões de anos; os primeiros animais, faz 700 milhões; os primeiros vertebrados, faz 500 milhões; os mamíferos, faz 200 milhões de anos.

Os homínidas[1] adotam a marcha bípede faz 4,5 milhões de anos. Os humanos "modernos" aparecem na África faz uns 150.000 anos como resultado da evolução do *Homo erectus* (que apareceu faz algo em torno de um milhão e meio de anos). Quando os primeiros *sapiens* procedentes da África chegaram à Europa, encontraram-se com outra espécie humana que já a habitava, o chamado Homem de Nehandertal. O último antepassado comum a ambas as espécies tem 500.000 anos. Durante uns 80.000 anos conviveram na Europa, ao que parece, sem que existissem problemas significativos entre elas, a espécie *sapiens* ou cro-magnons e os nehandertais. Faz pouco mais de 25.000 anos que desapareceram definitivamente os nehandertais e ficaram sozinhos na Europa nossos antepassados, que logo se esparramaram pelo resto do planeta, o *Homo sapiens*, do qual descendemos nós.

Perguntar-se a partir desses dados em qual momento podemos falar do ser humano "imagem e semelhança" de Deus é entrar em labirinto sem saída. A esta questão a ciência não responde, e nem mesmo a teologia, embora possamos perfeitamente supor que a "imagem" de Deus coincide com o aparecimento dos primeiros humanos. Quando o homínida começou a ser consciente de si, quando podemos falar de humano? Não é possível delimitar com precisão quando aconteceu isto, e, para o que nos interessa, torna-se secundário afirmar ou negar que o homem de Nehandertal era imagem de Deus. Embora eu não veja que inconvenientes derivariam dessa afirmação, é um tema carente de interesse teológico, posto que a teologia se in-

---

1. "Homínida" e "humano" são duas palavras que definem a mesma busca sobre o aparecimento do humano. A hominização refere-se à evolução anatômico-morfológica, também psíquica, que conduz ao humano; a humanização refere-se aos restos fósseis, anatômicos e culturais que nos permitem afirmar com certeza que o ser humano esteve ali. Os olhos, o andar erguido sobre os dois pés, o sexo (o copular voltando um para o outro, o rosto e abraçando-se o macho e a fêmea), o cérebro e a mão são traços que marcam a evolução do homínida para o humano. As ferramentas, a arte e a sepultura são já características próprias do ser humano.

teresse pelo ser humano que deu origem às mulheres e homens atuais, os quais pertencem à única espécie humana que habita a terra. Em todo caso, nem a teologia nem a Escritura judaicocristã se interessam por questões técnicas, e para o que dizem tornam-se relativamente indiferentes as cifras (que o homem exista desde mais ou menos milhões de anos não tem nenhuma importância para o que a fé afirma), embora sejam muito interessantes e não seja possível construir teologia à margem delas e muito menos contra elas.

À teologia é outra coisa o que interessa. Ela não fala do ser humano e do mundo como natureza, mas como criação. Situa-se, pois, em outro nível, adota outra perspectiva. Para a teologia, o mundo é criação, e o ser humano é criatura: universo criado por Deus; e homem que depende de Deus, que se recebe a si mesmo como um dom de Deus. O homem é um dom de Deus para o homem. Um dom que estamos sendo chamados a cuidar e a agradecer.

A teologia responde a esta pergunta: de onde vem radicalmente o ser humano? A ciência pressupõe sua existência e se pergunta outra coisa: quando e como apareceu o ser humano? Já falamos do quando. Para explicar o como, a ciência considera que a teoria mais adequada seja a da evolução. Uma evolução que, de puro acaso, deu como resultado o ser humano, embora também pudesse não tê-lo dado. A vida podia ter se desenvolvido de outra maneira. A. Silesius diz poeticamente: "A rosa é sem porquê; floresce porque floresce". Se o que se quer dizer é que a vida é um dom gratuito, que o homem não fez nada para merecê-la, então estou de acordo: a vida é sem porquê. Mas a fé cristã postula que este dom gratuito tem uma razão: "A rosa é sem porquê, mas não sem razão", comentava Heidegger. A vida, além de dom, tem uma razão misteriosa. A vida é dom que é preciso cuidar e agradecer, e admirável mistério. Outro poeta, Antonio Praena, escreve: "Talvez tão-somente quando acabe / conheças o que tens sem tê-lo. / Mas não o queiras compreender, / que é decifrar a clareza o que o mata".[2] A teologia quer compreender, consciente de seus limites e de que o mistério nunca desaparece, pois, efetivamente, a clareza o mata.

Para a compreensão que a teologia busca, ajuda, atrapalha, mostra-se indiferente a teoria da evolução? A graça não só pressupõe a natureza, mas a respeita e aprende com ela. Após algumas vacilações, o Magistério aceitou as teses evolucionistas. João Paulo II, em um discurso dirigido à Academia Pontifícia de Ciências, no dia 22 de outubro de 1996, deplorava a interpretação dos textos bíblicos como afirmações científicas em vez de serem ensinamentos religiosos, acrescentando: "O novo conhecimento científico nos levou a compreender que a teoria da evolução já não é uma simples hipótese. É, sem dúvida, notável que esta teoria tenha sido progressivamente aceita por investigadores, seguindo uma série de descobrimentos em vários campos do conhecimento. A convergência, nem buscada nem fabricada, dos resultados do trabalho que foram conduzidos de maneira independente é, por si mesma, um argumento significativo a favor desta teoria".

Para salvar a intervenção de Deus na evolução, existem autores que se referem à teoria do "desígnio inteligente". Admitem a evolução, sim, mas especificam que existe uma multidão de fatos que a evolução não pode explicar. Como se pôde produzir a primeira proteína? Pensam que a complexidade da vida e o fato de que as constantes físicas do universo estejam tão finamente ajustadas e tão bem adaptadas às criaturas viventes que não podem ser fruto da casualidade. Daí se deduz, logicamente, que a vida na Terra e a origem da espécie humana são resultado de ações racionais empreendidas de forma deliberada por um ou mais agentes inteligentes.

---

2. *Poemas para mi hermana*. Rialp, Madri 2006, 10.

Pessoalmente, não vejo necessidade de se recorrer a este tipo de explicações para manter os dados da fé. Pois, por uma parte, a explicação do desígnio inteligente encontra-se sob suspeita de não ser científica, mas ideológica. Por outro lado, sem deixar o campo científico, não parece tão claro que os resultados sejam tão adequados como pretendem os defensores da teoria. O geneticista Francisco J. Ayala nota que o desenho da mandíbula humana não é suficientemente grande para todos os dentes. E comenta com uma pitadinha de humor: "A um engenheiro que tivesse desenhado uma mandíbula assim despedi-lo-iam no dia seguinte". Quem aceita o desígnio inteligente implicitamente atiraria em Deus a culpa desta inaptidão. Diga-se o mesmo do canal da natalidade das mulheres, que provoca tantas mortes de crianças e mães. E quem teria desenhado os parasitas, organismos cuja existência depende exclusivamente da destruição de outros? Depois de citar esses exemplos, pergunta-se Ayala: "Vão lançar a culpa em Deus?". E conclui: "Não se apercebem estas pessoas de que as implicações do desígnio inteligente são uma blasfêmia que acusa Deus de incompetência, de crueldade, de sadismo. Em troca, a teoria da evolução é perfeitamente compatível (com o cristianismo): não lançamos a culpa em Deus quando acontece um terremoto".[3]

Parece-me que a teologia não deve entrar nesses debates, mas perguntar-se como situar-se diante deles a partir da fé cristã. Resposta: "Nada impede de se pensar que Deus age no universo visando alcançar um fim por meio de processos como as mutações aleatórias e a seleção natural que, quando são investigados empiricamente, não revelam o mínimo propósito. Para o teólogo, é possível pensar que os desígnios de Deus se alcançam pelo que, segundo a biologia, parece isento

---

3. Tomo estas palavras de uma longa entrevista que concedeu a *Levante. El Mercantil Valenciano. En Domingo*, 24 de dezembro de 2006, 8.

de finalidade".⁴ Os fins de Deus realizam-se pelas leis da evolução biológica e desta história feita ao acaso da qual falam as ciências. Se, como diz a teologia, Deus atua por meio da liberdade humana, igualmente podemos dizer que age por meio da liberdade – do azar, da imprevidência e da contingência – da natureza.

Deus não atua contra a natureza, mas por meio da natureza. Nem mesmo age especialmente ou com mais intensidade em alguns momentos do processo natural. Deus atua em todas as partes e momentos com a mesma intensidade, e tão de Deus é o crescimento das sementes, a saída do sol e o salto evolutivo que dá origem ao ser humano. Ele está na origem, na duração e no término de todo acontecimento. Mas não à maneira de uma causa física, sim como a realidade que tudo determina, e por isso não pode ocupar o lugar de uma causa física, embora seja a primeira ou a máxima. Seu atuar está sempre condicionado por causas segundas e se efetua por meio dos acontecimentos mundanos, não contra eles ou competindo com eles.⁵ Deus é causa permanente transcendente que, por ser permanente, nunca se desentende de sua obra, e por ser transcendente é necessariamente incognoscível (cientificamente) e empiricamente inverificável. Neste sentido, a presença de Deus na criação é silenciosa. Por isso, é perfeitamente possível não detectá-la.

**Teoria da evolução e pecado original**

Suposta a teoria da evolução, que pensar do primeiro pecado, da possibilidade de pecar? A evolução oferece algum aspecto ou matiz novo que nos ajude a compreendê-la melhor?

---

4. Denis Edwards, *El Dios de la evolución*. Sal Terrae, Santander 2006, 60.
5. "Não existe inconveniente para que um mesmo efeito seja produzido por Deus e pelo agente inferior; por ambos, imediatamente, mesmo que de maneira diferente" (Tomás de Aquino, *Suma contra los gentiles*, III, 68).

*Única criatura a qual Deus amou por si mesma*

Há uma distinção que interessa e que é sugerida pela encíclica *Humani generis*, de Pio XII (de 1950). O pontífice romano reconhecia que a evolução biológica era compatível com a fé cristã, embora sustentasse que a intervenção "imediata" de Deus era necessária para a criação da alma humana. Tomada em seu rigor literal, esta restrição da evolução na dimensão corporal do ser humano é inaceitável para a ciência. O evolucionismo explica a formação do mundo e de todos os fenômenos físicos e mentais por um processo de desenvolvimento natural obediente a causas puramente mecânicas e a leis que regem na natureza.

Parece mais interessante face ao diálogo fé-ciência este outro texto de João Paulo II: "A imagem e semelhança de Deus, essencial ao ser humano, é transmitida a seus descendentes pelo homem e pela mulher, como esposos e pais".[6] Este texto é tanto mais significativo se recordarmos que, segundo Santo Agostinho, o que na realidade os pais transmitem a seus filhos, inclusive os pais cristãos, é o pecado original. Segundo João Paulo II, o que os pais transmitem é a imagem e semelhança de Deus. Se transmitirem o que é mais, a imagem, como não vão transmitir o que é menos, a alma, ou seja, toda a realidade psíquica do ser humano, junto com a corporal, na qual se insere a imagem de Deus? Na criação da alma, Deus não age "sem" os pais, mas "por meio" deles. Sob esta luz, devemos perguntar-nos se o que Pio XII dizia, na linguagem e na teologia então disponível, procura salvar algo importante para a fé.

Com efeito, com o homem parece um ser que tem uma especial dependência e, sobretudo, uma especial relação com Deus, um ser que se situa de forma distinta em relação aos outros seres no que se refere a Deus, uma "única criatura

---

6. *Mulieris dignitatem*, 6.

terrestre a qual Deus amou por si mesma".[7] Isto é uma "novidade radical que nenhum estádio evolutivo justifica, é um ato gratuito que se situa em um plano distinto ao da biologia ou ao da evolução dos seres. Um ato tal não procede nem pode proceder da evolução nem de nenhum dado biológico. Transcende qualquer dado natural e, ao mesmo tempo, determina todo o ser do homem, não como um elemento determinável ou analisável cientificamente, mas outorgando-lhe uma dimensão divina.

Esta novidade, que não interfere no curso dos acontecimentos naturais, deve situar-se no mais íntimo e essencial da pessoa, naquilo que a constitui como tal, em sua "alma", em sua capacidade de encontro e de resposta ao chamado do amor. Deus chama cada um por seu nome, por puro amor "desde seu mesmo nascimento",[8] desde o primeiro instante de sua existência. Isso, que não depende de nenhum dado cientifico, faz que o homem seja "superior ao universo inteiro" e "toca a verdade mais profunda acerca do ser humano".[9]

## Do homem para o homem

Hoje não podemos entender a distinção de Pio XII como se Deus "reservasse" para si aspectos da evolução nos quais interviria diretamente. Mas, no que diz o papa, existe uma distinção que nos pode ajudar a compreender a condição que torna possível o pecado. Deus não reserva para si especialmente nenhum momento da evolução (já dissemos que Deus intervém em todos os momentos, mas não como causa física), mas podemos, sim, dizer que uma vez acabada, por assim dizer, a tarefa da evolução, é preciso algo que vá mais além dela, algo que não é físico, nem biológico, nem material, mas muito

---

7. *Gaudium et spes*, 24.
8. *Gaudium et spes*, 19.
9. *Gaudium et spes*, 14.

real e que a evolução tornou possível: o animal é, ao mesmo tempo, transanimal. O animal humano superou sua animalidade, superou a si mesmo. Tem capacidade de abstração, artística, musical, de fazer perguntas e de perguntar sobre si mesmo; tem desejos insaciáveis, que podem derivar em paixões insaciáveis e, dizendo-o com palavras de Maurice Blondel, na "sem razão de querer infinitamente o infinito".[10] Sobretudo, é consciente de si mesmo, dispõe de si mesmo. É livre!

Livre significa fundamentalmente que tem capacidade e necessidade de construir a si mesmo. Não pode ser feito "por encomenda" (e não só porque por encomenda, ao que parece, sairia um tonto, mas por motivos muito mais sérios e essenciais); não o fazem outros; se faz ele próprio com os outros, desde os outros e a partir de outros. O homem está feito de tal forma que deve ir ao homem. Não só ao próximo, mas também a si mesmo. O Gênesis (2,7) o exprime com estas palavras: "Javé formou o homem com o barro da terra, soprou em suas narinas o alento da vida e resultou o homem um ser vivente". Desde nossa perspectiva evolucionista, interpretamos: o ser humano, com a presença silenciosa de Deus, vem do solo, da evolução da terra. Mas, uma vez aparecido, "torna-se um ser vivente". É o sujeito de si mesmo, de suas próprias decisões. A vida humana caminha por si só. Uma vez "nascido", deve "renascer", ser pai de si mesmo.

Seria correto dizer que a evolução continua depois do processo evolutivo que dá origem ao animal humano? Se não a evolução, ao menos a maturação, o crescimento na humanidade. Quando o homem como tal aparece, deve começar uma nova tarefa evolutiva: a de fazer-se o que é. Ser homem é tornar-se homem. Deus deixou o homem sem aperfeiçoar para que fosse o homem aquele que acabasse por se aperfeiçoar a

---
10. *L'action* II. PUF, Paris 1963, 192.

si mesmo. Isso insinua o texto do Gênesis quando Deus, depois de ter criado os luminares do firmamento, a erva da terra e o gado, disse que "era bom". Mas, depois de ter criado o ser humano, não o diz. Segundo uma interpretação rabínica, "isto indica que enquanto o gado e tudo o mais estava terminado depois de ter sido criado, o homem não estava terminado".[11] O homem é projeto de si mesmo, conforme esta famosa frase de Goethe: "O que herdaste, conquista-o para que seja teu". Finkielkraut, inspirando-se em Pico de la Mirandola, escreve: "Cada ser é o que é por sua própria natureza, com exceção do homem. O homem é uma exceção no ser; não existe um limite intransponível à sua ação; em vez de receber sua vida pronta e determinada pela ordem das coisas, tem o poder de dar-lhe forma: essa é sua grandeza e sua dignidade".[12]

## Dificuldade de discernir

Por sua insaciabilidade e sua liberdade, o homem pode relacionar-se pessoalmente com Deus, se este se der a conhecer e lhe oferecer seu amor. Pois bem, esta relação deve levar em conta toda a realidade da pessoa humana. Esta pessoa conserva todos os traços da animalidade da qual surgiu, mas não como se fossem uma parte dela que pudesse contrapor-se a outra parte – sua corporalidade e sua consciência –, mas como integrados em uma única realidade pessoal. Até tal ponto, sua realidade é unitária que o transanimal se exerce, se vive, se manifesta, por meio do animal, e inversamente: o transanimal marca decisivamente o animal. O carinho se expressa sexualmente, mas o sexo não se vive psicológica nem mentalmente da mesma maneira quando exprime amor ou quando é pura pulsão biológica. Os instintos agressivos com os quais o homem busca afirmar-se e defender a própria identidade podem orientar-se

---

11. Cf. Erich Fromm, *Y sereis como dioses*. Paidós, Buenos Aires 1976, 66.
12. Alain Finkielkraut, *La humanidad perdida*. Anagrama, Barcelona 1998, 46.

violentamente, levando à negação do outro, ou reconduzir-se altruisticamente, levando à defesa do outro, considerado como elemento necessário da própria identidade.

O humano decide sobre sua realidade unitária. Ocorre que, devido à sua complexidade, a realidade e totalidade do ser humano não respondem inteiramente a suas próprias determinações. Existem tendências que escapam à sua vontade. O ser humano busca integrar toda sua realidade em um projeto unitário, viver em paz consigo mesmo. E nem sempre o consegue. Torna-se difícil discernir o que verdadeiramente quer. Em muitíssimas ocasiões, a animalidade – base natural sobre a qual decide – não só condiciona a transanimalidade, mas parece como se buscasse desarmá-la. Existe uma série de instintos e pulsões que se encontram nos primatas não humanos e que afloram nos humanos. Essas pulsões são normais, procedem da mão do Criador, mas podem descontrolar-se, embora não até o ponto de o ser humano não poder dominá-las. Quando as domina, transformam-se em matéria de humanização e, para o cristianismo, de santidade. Quando não as domina, podem transformar-se em instrumentos de pecado. Poderíamos dizer, com a *Gaudium et spes* (n. 13), que "rebaixam o homem, impedindo-o de conseguir sua própria plenitude".

Desde o ponto de vista meramente antropológico (ou psicológico), é bem sabido que, em certas ocasiões, as paixões exercem uma influência maior sobre a razão que vice-versa. Uma vez desencadeada a paixão, torna-se muito difícil livrar-se dela mediante o pensamento lógico. As admoestações de "não fumes", "não te drogues", "não bebas em excesso" percorrem um caminho vicinal e tortuoso, ao passo que os impulsos em busca de fumo, bebida ou outras drogas circulam por rodovias muito bem sinalizadas.[13] Isso significa que são

---

13. Imagem que tomo, a título de empréstimo, de Eduardo Punset, *El viaje a la felicidad. Las nuevas claves científicas*. Destino, Barcelona 2006, 70.

incontroláveis? Em absoluto, mas significa, sim, que, segundo qual for a situação anímica da pessoa, sua educação, seu nível espiritual ou seus costumes[14] serão mais dificilmente controláveis. A transanimalidade humana, exercida na animalidade, padece por causa da animalidade.

Não se trata de entender que no ser humano existe uma luta entre duas partes ou dimensões opostas, algo assim como o corpo e a alma. Quando São Paulo fala da luta da carne contra o espírito (não da luta do corporal contra o psíquico), as obras da carne são muito "espirituais", mas no negativo: invejas, disputas, ciúmes, ódios, ambições (Gl 5,21). Existe uma espiritualidade positiva e uma espiritualidade negativa. Não é possível a luta entre o espírito e a pedra, ou o espírito e uma planta. É como se houvesse dois espíritos no ser humano, dois corações que parecem não se conhecer, dois modos de orientar a transanimalidade. Paradoxalmente, é a totalidade humana que luta consigo mesma. Não só para o bem, mas também para o mal. No ser humano, existe "uma resistência" ao desprendimento e à generosidade: resisto a que me tirem a vida, ainda que seja em nome dos melhores ideais. Mas também existe uma "resistência" à mentira: por isso me abstenho de mentir; nem todo o meu ser me segue no que procuro ganhar do outro. Daí a insatisfação que o pecado produz, o que pode conduzir ao arrependimento. Resisto ao bem e resisto ao mal. Não me inclino totalmente para o bem e não me inclino de todo para o mal.

Além disso, a evolução cultural humana não garante por si mesma um maior equilíbrio pessoal, e menos ainda uma boa disposição em direção a Deus. À medida que aumentam as possibilidades do ser humano, aumentam também

---

14. "Quando tem de agir de improviso, o homem atua de acordo com finalidades prefixadas e com hábitos previamente adquiridos" (Tomás de Aquino, *Suma de teología*, I-II, 109, 8).

os meios para causar dano ao semelhante ou para danar a si mesmo. Daí que, às vezes, o progresso seja compatível com o aumento de gravidade do pecado: "O progresso, altamente benéfico para o homem, também encerra grande tentação".[15] Por outro lado, as tendências para o mal produzem, ocasionalmente, novas possibilidades técnicas e científicas que, paradoxalmente, podem com o tempo vir a ser fatores de bem. O progresso é ambíguo. Longe de acalmar ou de satisfazer, desperta novas ideias, sugere novas possibilidades, de modo que a tentação, a ponderação, a dúvida sobre como orientar a vida, recuperam novo alento. A cultura não só transmite informações altruístas, mas também mensagens egoístas ou que legitimam o domínio dos poderosos. Todo progresso implica por si mesmo um perigo. O que se consegue mediante o poder crescente do qual dispõem os seres humanos, inclusive pensado em princípio para fazer o bem, cedo ou tarde mostra também a sua carantonha ameaçadora. O amor pode sugerir ao poder novas possibilidades para o amor, mas também o poder pode sugerir à pessoa novas possibilidades para o mal. Poder e amor podem potencializar-se e também opor-se.

Gn 3,22 sugere que o pecado pode significar um progresso e, portanto, pode considerar-se um elemento de crescimento (porque também no pecado o ser humano se afirma a si mesmo, decide sobre si mesmo, e seu espírito desperta, abre-se a novos horizontes). Depois do pecado, Javé reconhece "que o homem passou a ser como um de nós quanto a conhecer o bem e o mal". O pecado é uma afirmação de si e, neste sentido, é uma promoção, o que, sem dúvida, representa um progresso, mas no plano da alienação, do enfrentamento e da luta. Quando o ser humano decide sem Deus o que é bom e mau, coloca-se na altura de Deus, de certo modo realiza a imagem de Deus, mas em um plano de ruptura e de

---

15. *Gaudium et spes*, 37 a.

enfrentamento.[16] O pecado não deteve o amadurecimento, o crescimento humano. Também no pecado, o ser humano decide sobre si mesmo. A maturação humana passou pelo pecado. Podia não ter passado, mas efetivamente passou. Ao passar pelo pecado, a maturação humana ficou marcada por elementos negativos.

*Amar a Deus com todas as forças*

Nossa herança genética e nossas possibilidades culturais devem integrar-se em um projeto pessoal que amadureça a pessoa. Para isso, é preciso vencer múltiplas tentações, integrar todas as ideias e possibilidades, boas e más, em um destino humanizador. É preciso contar não só com a dimensão utópica, mas também com a indolência do espírito: a preguiça, a inércia, o tédio e, o que é pior, as más seduções que as múltiplas possibilidades do humano oferecem. Fomos feitos para o melhor, mas podemos fazer o pior.[17] Aí está a possibilidade do pecado. Nesta criaturalidade, nesta animalidade que nunca nos abandona e, em certas ocasiões, nos desarma. O papel da Palavra de Deus na realização humana seria de orientação para o bem: "falou Deus". Mas é preciso contar também com a "fala da serpente".

O que Deus diz a esta "única criatura a qual amou por si mesma" é que no amor pode encontrar a realização, estabilidade, maturidade e grandeza do seu ser. E que o maior amor ao qual pode aspirar é o de Deus. Deus a ama. Criou-a precisamente porque a ama "desde antes da criação do mundo",

---

16. Cf. Paul Ricoeur, *Finitud y culpabilidad*. Taurus, Madri 1982, 403.
17. A música remete ao sublime, mas foi utilizada pelos nazistas enquanto matavam seus prisioneiros. E se eu não for mal-entendido, também me atrevo a dizer que algo semelhante ocorre com a religião. Quando a religião se traduz em mediações (coisa por outra parte inevitável), pode surgir o lado diabólico do divino. Como se explica, sim ou não, que o anjo, criado bom, possa transformar-se em anjo de luz diabólica?

antes de qualquer possível resposta. Mas a plenitude do amor está na reciprocidade. A essa criatura, criada por amor, Deus a chama ao amor, a responder ao amor primeiro e inalterável de Deus. Este é o primeiro mandamento da vida "para que nos ocorra sempre o bem" (Ex 6,24): "Amarás Javé teu Deus com todo o teu coração, com toda a tua alma e com todas as tuas forças" (Ex 6,5). Mandamento não em sentido de imposição (como é possível um amor imposto?), mas de orientação.

Pois bem, chamado a dar resposta, nem todas as forças respondem. Existem as que resistem. Pensam que uma pessoa toma melhor posse de si mesma permanecendo consigo mesma. Gostariam de ver com clareza antes de se decidirem a dar-se, a sair para o outro. Existem forças que pensam que, rompendo todas as amarras, pertencem melhor a si mesmas. O egoísmo cega-nos. Somos por demais pequenos, imaturos. A criança vive para si; por isso ainda não se alcança a si mesma.

Aí, na fragilidade, na ponderação, na necessidade de decidir, na dúvida, reside a possibilidade do pecado. A possibilidade, repito, pois para que ocorra o pecado necessita-se do livre assumir de uma das possibilidades ou a livre assunção dos instintos animais. Precisa-se, em suma, da liberdade.

A liberdade se explica teologicamente por termos sido criados à imagem de Deus. Somos criaturas finitas, limitadas, falíveis; necessitamos de tempo para nos apercebermos das coisas; temos de vencer nossa preguiça e nosso tédio. Estamos sujeitos a tendências genéticas, mas não estamos determinados geneticamente. Porque somos criaturas muito especiais: feitas à imagem de Deus. Ou seja, com capacidade de decidir livremente sobre nós mesmos, de tomar em nossas mãos as rédeas do nosso próprio destino, de tomar a peito ou não os conselhos que nos vêm da Palavra de Deus. Mas, no final, quem decide sou eu, quem constrói a própria vida como quer sou eu. Essa é a chave que consideramos a seguir, o elemento que falta para poder falar do pecado.

## À imagem de Deus o criou

A animalidade, a criaturalidade, explica a possibilidade do pecado, mas não determina o que vai suceder. A liberdade é o verdadeiro pressuposto explicativo do pecado das origens, paradigma de todo pecado.

Sob o ponto de vista teológico, "a liberdade é sinal eminente da imagem divina no homem. Deus quis deixar o homem entregue às suas próprias decisões".[18] Deus é essencialmente livre porque é dono absoluto de si mesmo; portanto, não está condicionado por nada nem por ninguém. Também o ser humano está feito de tal maneira que pode e deve dispor de si mesmo. Está feito à imagem de Deus. "No princípio, Deus – lemos em Eclo 15,14 – criou o homem e o entregou ao seu próprio juízo". Podemos, pois, dizer, com Tomás de Aquino, que o ser humano é "providência de si mesmo" porque "participa da providência como tal".[19]

Nas circunstâncias atuais, a liberdade está ferida pelo pecado, mediatizada pelo mundo ambiental e ameaçada por forças anônimas que dirigem a opinião pública, produzem a psicose de massas, canalizam as necessidades de consumo. Mas agora interessa recalcar um condicionante prévio e mais fundamental da liberdade, essencial por assim dizer, que ocorre em toda circunstância, com e sem pecado, e que faz possível o pecado: os limites da finitude. A nossa é uma liberdade criada: "Deus criou o ser humano à sua imagem". A imagem se sustenta sobre a fragilidade do criado. Pois bem, se a liberdade está condicionada, não está necessariamente

---

18. *Gaudium et spes*, 17. Também Tomás de Aquino, *Suma de teología*, I-II, prólogo: "Quando dizemos que o homem foi feito à imagem de Deus, entendemos por imagem, como diz o Damasceno, um ser dotado de inteligência, livre arbítrio e domínio de seus próprios atos. Por isso, depois de ter tratado do exemplar de Deus e de quanto produz o poder divino segundo sua vontade, resta-nos estudar sua imagem, isto é, o homem como princípio que é também de suas próprias ações por gozar de livre arbítrio e domínio de seus atos".
19. *Suma de teología*, I-II, 91, 2.

determinada, pois, se assim fosse, deixaríamos de falar de liberdade. Tudo o que viemos dizendo sobre a animalidade e a dificuldade de decidir é condicionante da liberdade. Mas, em última instância, a liberdade só se explica por ela mesma. Não se deduz de nenhum processo natural, não está preconizada nas circunstâncias históricas, nem nos motivos que a justificam, nem nas decisões precedentes. É um ato novo e descontínuo em relação a tudo que precede seu exercício.[20]

A finitude explica a dificuldade de decidir da qual já falamos. Nunca contamos com todos os elementos de juízo que nos assegurariam o êxito diante do erro. Daí a necessidade que temos de confiar em toda palavra que possa nos orientar em meio à escuridão do finito, como é a Palavra de Deus.

A liberdade é o que torna possível a relação do ser humano com Deus. Por ser sua imagem e por ser livre, o ser humano é capaz de relacionar-se com Deus, pode converter-se em interlocutor de Deus. Foi João Paulo II que fez notar que a imagem de Deus implica, como consequência necessária da liberdade, "a capacidade de uma relação pessoal com Deus".[21] O salmo 8 diz que o ser humano foi criado "quase como um Deus", ou seja, com a suficiente "igualdade" dentro da infinita distância que separa a pessoa humana da pessoa divina, a ponto de poder estabelecer uma relação "de tu a tu", como Moisés, que falava com Deus "como um homem fala com seu amigo" (Ex 33,11). O homem é um deus, mas com minúscula, visto que deve sua vida a outro Deus. É um deus em tamanho pequeno, um "deus criado",[22] "uma maneira finita de ser Deus".[23] Como uma criancinha se relaciona com seu pai, assim pode o ser humano relacionar-se com seu Pai Deus.

---

20. Cf. Juan Alfaro, *De la questión del hombre a la questión de Dios*. Sígueme, Salamanca 1988, 211.
21. *Dominum et vivificantem*, 34.
22. Santo Agostinho, *A cidade de Deus*, XIV, 13, 2.
23. X. Zubiri, *El hombre y Dios*. Alianza, Madri 1984, 327.

Se o ser humano pôde pecar foi precisamente por ser imagem de Deus. É a quase igualdade que existe entre Deus e o ser humano e o amor que Deus tem por sua criatura o que faz que Deus possa sentir-se ferido. Uma formiga não pode ofender um ser humano, mas uma criatura pode fazer chorar sua mãe. E o homem pode desgostar a Deus. A capacidade da pessoa humana de responder ao chamado a amar, a liberdade que possuía de confiar nas orientações divinas para a sua correta realização, tinha uma contrapartida: responder negativamente a Deus, não confiar em sua Palavra. O pecado está fundamentado na imagem e expressa a imagem em negativo ao ser uma possibilidade, uma atualização da liberdade.

Uma coisa mais, de sumo interesse para nosso tema. A liberdade faz do ser humano sujeito responsável. Mas, ao ser uma liberdade condicionada, faz também o ser humano digno de compreensão e misericórdia. Fomos feitos do "pó", saímos da evolução do barro. O pó é sinal de fragilidade, de precariedade, da condição mortal e finita do ser humano (Gn 3,19). Deus está bem consciente disso, pois ele é, em última instância, quem modelou esse pó e lhe deu vida: "Ele sabe do que somos feitos, sabe bem que somos pó"; por isso "não nos trata segundo nossos erros, nem nos paga segundo nossas culpas" (Sl 103). Somos como uma "vasilha de barro" (2Cor 4,7). Mais ainda, Deus quis solidarizar-se, por meio de Jesus, com esse barro, experimentar pessoalmente o que significa ser de barro. Por isso, compreende desde dentro. Desta compreensão, fala a Carta aos Hebreus: o sumo sacerdote de nossa salvação, que é Jesus Cristo, compartilha "o sangue e a carne" de seus irmãos, os humanos; "passou pela prova do sofrimento", foi tentado como nós, e assim pôde compreender, interceder e compadecer-se (cf. Hb 2,14-18; 5,7-10). O fundamental na vida cristã não é o pecado, mas sim "o perdão dos pecados". Perdão que a compreensão e a solidariedade de Jesus fazem possível.

No contexto da misericórdia divina, característica fundamental de Deus, é possível suportar a admoestação do pecado. A revelação do pecado não deve ser entendida como uma acusação ou como manifestação da cólera divina. É uma modalidade do amor de Deus que busca a conversão do ser humano. Conversão apenas possível a partir da consciência de pecado. O quarto Evangelho atribui ao Espírito Santo, que é o amor de Deus derramado em nossos corações, a missão de "convencer o mundo no que diz respeito ao pecado" (Jo 16,8). Deus, para que o ser humano se afaste do pecado, faz que perceba todo o seu horror e malícia. Na história da origem do pecado, Deus faz o homem descobrir sua desobediência (Gn 3,11). Mas essa descoberta tornar-se-ia insuportável para o ser humano. Daí que imediatamente aparece uma promessa de salvação (Gn 3,15). A palavra sobre o pecado está a serviço da conversão e, por isso, seu contexto é o da misericórdia.

Assim, a teologia do pecado original não é uma teologia negativa, mas uma teologia que nos abre à esperança. Fora deste contexto tornar-se-ia odiosa e incompreensível.

### E o colocou sobre a terra

Deus criou o ser humano à sua imagem. E, depois, o colocou sobre uma terra boa (Gn 2,8). Sobre a terra, sim. Não no céu, pois se o tivesse colocado no céu, teria sido impossível que pecasse. O céu, como categoria religiosa, é uma imagem espacial do encontro pleno, definitivo, claro e seguro com Deus. É a felicidade estável e completa, a bem-aventurança humana. E quando, se a experimentou, a conheceu, viveu o melhor do melhor, ninguém desejou deixá-lo: "É evidente que nenhum homem pode afastar-se voluntariamente da bem-aventurança, visto que, de um modo natural e necessário, o homem busca a bem-aventurança e foge da miséria. Por isso, ninguém que tenha visto Deus em sua essência pode afastar-se dele voluntariamente, no que consiste o pecado. E, assim, quantos viram a essência divina reafirmam-se de tal maneira no amor de Deus que não podem já nunca pecar",[24] pois é impossível que alguém queira afastar-se do bem enquanto tal".[25]

*Por que sobre a terra e não no paraíso celestial?*

Talvez seja bom esclarecer que a impossibilidade de pecar não só não elimina a liberdade, mas lhe confere sua plenitude máxima, com o que se torna semelhante à mesma liberdade de Deus: "Que o livre arbítrio possa escolher entre coisas diversas, conservando sempre sua ordenação ao fim, é algo que pertence à perfeição da liberdade. Em troca, escolher algo afastando-se da sua ordenação ao fim, e nisto consiste o pecado, é um defeito da liberdade".[26] O "não poder pecar" dos bem-aventurados não é devido a nenhum determinismo, nem a nenhuma impotência, nem a deficiência alguma da vontade perante algo que supera suas forças. Este "não poder" na realidade é um "não querer", é o triunfo do bem e da verdade pelo qual uma pessoa optou definitivamente e livremente. No fato de não poder pecar, encontra-se a perfeição da liberdade, no seu limite. Portanto, se o ser humano pôde pecar é porque não havia alcançado a perfeição da liberdade. E, ao não ter alcançado a perfeição, pôde abusar da liberdade.

É legítima a pergunta sobre por qual razão Deus colocou o homem sobre a terra, e não diretamente na visão de sua divina essência, nesse estado de plena liberdade. Se, desde o princípio, Deus nos tivesse posto, tem cabimento sim, sem véus, sem enganos (João da Cruz), não nos teria poupado o caminho do sofrimento inerente à condição humana? Precisamente a colocação do ser humano sobre a terra, à distância de Deus, é o que torna possível um encontro na liberdade. A liberdade é um pre-

---
24. Tomás de Aquino, *Suma de teología*, I, 94, 1.
25. *Id.*, I, 62, 8.
26. *Id.*, I, 62, 8, ad 3.

sente que precisamos assumir pessoalmente. Colocado diretamente no céu, Deus seria uma "imposição" para o ser humano, pois o ser humano não é só natureza finita: é também história. Já dissemos que ser homem é fazer-se homem, que o homem deve ir até si mesmo por meio de sua liberdade. A maturação requer seu tempo. Também o encontro, a amizade com Deus. O amor não surge repentinamente. Tem suas etapas, sua maturação, seu caminho. É este caminho que faz o amor ser atrativo, prazenteiro. O desejo, o anseio, o ir para o outro e o buscar o outro fazem parte do amor.

Por isso, o que é possível no final, na perfeita bem-aventurança, nem sempre o é no princípio: a mãe, por muito carinho que mostre, não pode dar carne à criancinha de peito. Também a vida cristã passa por uma etapa na qual o "leite" é necessário (Hb 5,12; 1Cor 3,2). Quando se pensa, em toda a sua radicalidade, que a pessoa é o que ela se faz, o que chega a ser no lento e livre maturar de sua própria história, intui-se a impossibilidade de que possa ser criada diretamente na visão divina. Um homem ou uma mulher assim criados, de repente, constituídos de chofre na claridade de sua consciência, e não, digamos, da consciência divina, não seriam eles mesmos, e sim algo fantástico, autênticas aparições sem consistência, inclusive para si mesmos. Seria uma contradição.

Colocar o ser humano sobre a terra torna possível um encontro em liberdade, distante de toda imposição, mas apresenta um risco: a liberdade pode ser mal usada, pois a finitude, nas condições deste mundo, não permite ver com clareza: "Agora, nossa alma não vê a mesma essência da bondade divina, e sim algum efeito da mesma, que pode parecer bom e mau de acordo com diversas considerações; como o bem espiritual a alguns parece mal enquanto é contrário ao deleite carnal em cuja concupiscência estão situados".[27] A liberdade é

---

27. *Id.*, *De caritate*, 12, no final.

o risco inevitável que Deus deve correr se quer criar um ser à sua imagem e semelhança, se quer que o ser humano seja verdadeiramente interlocutor seu e não uma marionete em suas mãos. A vida humana transforma-se assim em um presente exigente e doloroso, um presente que não dá presentes.

Deus se retira, mantém-se em silêncio, para que o ser humano possa tomar a vida em suas mãos e, assim, chegar a ser o que é. Retira-se, mas não de todo. Também se faz presente por meio de sinais, por meio de sua Palavra. Pois bem, todo sinal é ambíguo, pode ser interpretado de muitos modos. E sua Palavra, ao ser uma palavra humana, porque de outro modo não poderia chegar a nós, também está marcada pela ambiguidade. É uma palavra que não se impõe, que se pode recusar.

*O que pôde ser e não foi*

Às vezes se apresentou a situação na qual foram criados os primeiros humanos por Deus como altamente privilegiada. Deus tê-los-ia colocado em um paraíso delicioso, no qual tudo estaria resolvido, não careceriam de nada e nenhum mal os afetaria. Mas, sobretudo, Deus os havia dotado com uma grande inteligência. Santo Agostinho tece idílicas descrições da situação do ser humano no paraíso: "O homem no paraíso vivia como queria, porque só queria o que Deus havia mandado. Vivia gozando de Deus e era bom por sua bondade; vivia sem nenhuma indigência e competia-lhe viver sempre assim".[28] E

---

28. Pode-se ver a descrição completa, extensa, dos bens dos quais gozava o ser humano no paraíso em *A cidade de Deus*, XIV, 26. Uma descrição muito estranha e muito pouco compatível com o que depois aconteceu. Para cingir-me só às poucas linhas citadas, o que significa querer apenas o que Deus havia mandado? Não parece que isso tenha muito de real, porque, como se viu, quis outra coisa. "Vivia gozando de Deus, sem indigência nenhuma": já disse linhas acima que quando isso ocorrer, será impossível largá-lo. Este gozo e esta ausência de toda indigência é contraditório com o pecado. Tomás de Aquino, comentando este texto de Agostinho, diz que "no estado primitivo não faltava nenhum bem cuja posse a vontade pudesse desejar". Daí conclui que "as paixões que se centralizam no mal não ocorreram em Adão".

Santo Tomás esforça-se por explicar que: "o primeiro homem foi criado por Deus em tal estado que tivesse ciência de tudo aquilo em que o homem pode ser instruído".[29] Essas descrições, na atualidade totalmente descartadas pela teologia e a exegese, tornam ainda mais incrível que o ser humano pudesse afastar-se de Deus. Mais, ainda, resultam inconciliáveis com os dados mais seguros que a ciência oferece. Para a ciência, a realidade humana vai do "mínimo ao máximo"; não existe a perda de um estado superior e maravilhoso, e sim inícios muito infantis, deficientes e difíceis. Inclusive inícios negativos, nos quais a luta pela sobrevivência e pela afirmação da própria espécie e do próprio indivíduo pressupõe o egoísmo e a presença de impulsos agressivos.

É hora de situar em seus justos termos esta situação original do ser humano para compreender bem o sentido do paraíso e a possibilidade de pecar. Em primeiro lugar, convém esclarecer que se a teologia considera como real e histórico o primeiro pecado, não acontece o mesmo com a situação original que este pecado pressupõe. É perfeitamente possível entender que o primeiro ato de liberdade do ser humano foi um ato de pecado, a primeira decisão pessoal foi afirmar a si mesmo e, portanto, não escorar-se em Deus. A primeira coisa que faz o ser humano ao chegar ao uso da razão, diz Tomás de Aquino, é deliberar a respeito de si mesmo. Se não se ordena ao fim devido, na medida em que é capaz de discernimento em sua situação infantil, o homem peca não fazendo o que pode e deve.[30] Algo análogo pode ocorrer com a chegada da liberdade, com o aparecimento primitivo e primeiro da transanimalidade. A primeira palavra humana foi "não". Deus, que desde antes da criação havia destinado gratuitamente o ser humano a relacionar-se com ele por meio do amor, compro-

---

29. *Suma de teología*, I, 94, 3.
30. *Suma de teología*, I-II, 89, 6.

vou – por assim dizer desde o nosso ponto de vista – as consequências do risco da liberdade. Consequências inevitáveis? Sim, se de um modo ou de outro tivessem sido evitáveis não poderíamos falar de liberdade.

Se isto assim foi, o "estado original", a situação paradisíaca da qual fala o texto do Gênesis não existiu nunca. Essa situação é uma descrição idealizada do que teria podido acontecer (sem dúvida progressiva e lentamente, por meio das condições da evolução) se o homem não tivesse pecado. De fato, ao longo da Escritura, quando se volta a falar do paraíso já não é para se referir a um acontecimento passado, mas ao futuro que Deus prepara para o ser humano, um futuro de plenitude, no qual teremos conseguido esta plena identificação com Deus que, idealmente, o Gênesis coloca nas origens (Is 11,6-9; Ez 36,35; Is 51,3; Ap 2,7; 22,1-2). Estas origens, assim descritas, não são mais que um adiantamento do que nos espera, prefiguração do que ocorrerá quando a vontade de Deus for cumprida e se produza a identificação total da vontade humana com a divina, sem voltar atrás, como acontece no amor autêntico.

*Na terra sempre nos relacionamos com Deus pela fé*

E um segundo esclarecimento. Se Deus colocou o homem sobre a terra, isto significa que não se encontrava com Deus diretamente nem claramente (como muito bem recorda Ex 33,20 nas condições deste mundo é impossível ver Deus), mas na obscuridade das mediações, por meio das pegadas de Deus na terra e em sua história. Em uma palavra, que vivia da fé.

Existem duas questões da *Suma* de Tomás de Aquino que se mostram orientativas acerca da situação do homem no possível paraíso. Em uma delas, pergunta se o homem, em seu primeiro estado, viu Deus em sua essência; na outra, pergunta se teve fé.³¹ Alguns aspectos de sua resposta resultam interessantes: "O primeiro homem não viu Deus em sua essência, [pois] ninguém que tenha visto Deus em sua essência pode afastar-se dele voluntariamente, no que consiste o pecado". Não o via na sua essência precisamente porque não estava na bem-aventurança celestial. E por isso pôde pecar. Como via, pois, Deus o primeiro ser humano? Responde Santo Tomás: "Adão via Deus em enigma, porque o via por meio de efeitos criados", pois "o homem, antes do pecado, possuiu a fé".

Nesta afirmação de que os primeiros humanos, antes de pecar, viviam sua relação com Deus pela fé, vê-se claramente que, para Santo Tomás, a fé não compensa uma lesão culpável das potências espirituais do homem, e sim uma debilidade ôntica. A fé deve-se à situação criatural. É a única maneira de nos relacionarmos com Deus neste mundo. Uma relação "em espelho e em enigma" (1Cor 13,12), por meio de realidades criadas. Mas a presença de Deus no criado é ambígua, nunca se impõe de forma evidente. Isso ocorre inclusive na máxima manifestação de Deus neste mundo no homem Jesus de Nazaré. Por isso, pôde ser tachado de impostor e rejeitado violentamente. Sempre é possível interpretar de outro modo as formas da realidade criada nas quais Deus se manifesta.

Falando da necessidade que todo ser humano tem de Deus, a *Dei verbum* (n. 3) afirma que "Deus se revelou desde o princípio a nossos primeiros pais". Está se afirmando assim que eles estavam em uma situação semelhante a de todos os seres humanos. Todos têm necessidade de que Deus se revele, porque somente ao deixar-se conhecer será possível encontrá-lo. Mas quando Deus se revela, dadas as condições de nossa finitude nas quais se manifesta, vela-se ao mesmo tempo. A resposta à revelação é a fé, não a visão. A fé sempre comporta um momento de obscuridade. Pela fé, o ser huma-

---

31. *Suma de teología*, I, 94, 1; II-II, 5, 1.

no se comporta "como se visse o invisível" (Hb 11,27), mas na realidade "não o vê" (Hb 11,1), ao menos com os olhos da terra. Assim é que o ser humano, desde seus mesmos começos, pode encontrar-se com Deus. Mas assim também se explica que pudesse rejeitá-lo, que pudesse adotar uma postura de "não fé", pois a fé é livre por natureza.

A situação de fé na qual se encontrava Adão, protótipo de todo ser humano, junto da finitude inevitável, consubstancial a todo homem, e a liberdade, são os três pressupostos que tornam possível o pecado. Possível, não necessário. Vistos os pressupostos, cumpre-nos agora analisar o pecado. Começamos com uma leitura teológica dos textos bíblicos que contribuíram para desenvolver a elaboração doutrinal sobre o pecado original.

# 5. Leitura teológica dos textos bíblicos que tratam do pecado original

Falo de leitura teológica porque não vou fazer propriamente exegese. Em todo caso, se fizer exegese será exegese canônica, eclesial ou teológica, que, supõe-se, respeita e leva em consideração a exegese histórico-crítica, mas busca ir mais além da reconstituição do sentido original das palavras, para centrar-se nas leituras eclesiásticas dessas palavras ao longo da história. E digo dos textos bíblicos que tratam do pecado original não porque considere que tais textos afirmam claramente a doutrina posterior a eles conhecida como pecado original, mas porque neles se baseou fundamentalmente a reflexão teológica sobre o pecado original.

**Algumas considerações sobre exegese e teologia**

A Escritura é um texto escrito para suscitar a fé e, neste sentido, tem uma permanente atualidade. O mesmo espírito que inspirou os autores bíblicos continua inspirando a Igreja e os leitores da Escritura. A Escritura é a escrita da Igreja e, por isso, tem um duplo sentido: seu contexto contemporâneo e o nosso contexto atual: "Deus, que falou em outros tempos, continua conversando sempre com a esposa de seu Filho amado".[1] Sem o contexto atual, o texto escriturístico é pura arqueologia. Sem seu contexto contemporâneo, não entendemos as origens normativas e já não oferecemos a Palavra

---

1. *Dei Verbum*, 8.

de Deus. A exegese histórico-crítica facilita o entendimento dessas origens.

À teologia, interessa o contexto contemporâneo da Escritura, mas sua tarefa centra-se em compreendê-la em nosso contexto atual. Sua tarefa não é simplesmente interpretar a Bíblia, e sim tentar uma compreensão plenamente meditada da fé cristã em todas as suas dimensões, e, especialmente, em sua relação com a existência humana.[2] Para isso, realiza um trabalho especulativo e sistemático, e é possível que se interesse especialmente só por alguns textos e aspectos da Bíblia. Toma, além disso, em consideração muitos outros dados que não são bíblicos, que lhe indicam como foi compreendida e vivida a Palavra de Deus no decorrer da história – escritos patrísticos, definições conciliares, outros documentos do Magistério, liturgia –, bem como sistemas filosóficos e a situação cultural, social e política contemporâneas.

Tudo isso com a finalidade expressa de facilitar a compreensão da Palavra de Deus aos homens e mulheres de nosso mundo e de oferecer respostas às perguntas, necessidades e problemas atuais, à luz desta palavra. Hoje, surgem problemas novos, diferentes dos do passado. As distintas perguntas que no correr dos séculos se foram propondo os crentes e os diferentes problemas que tiveram de enfrentar condicionaram a leitura do texto bíblico e sensibilizaram a teologia: abriram o ouvido teológico para encontrar na Bíblia matizes ou aspectos que até então haviam passado despercebidos.

Mais ainda, pode acontecer que as leituras teológicas pareçam tirar da Escritura mais coisas que as que podem surgir mediante o método histórico-crítico. Quando isso acontece, aparece uma tensão entre exegese e teologia. Ou, ao menos, entre a exegese de alguns textos tomados isoladamente, e uma

---

2. Cf. Pontificia Comisión Bíblica, *La interpretación de la Biblia en la Iglesia*. Arzobispado de Valencia, Valência 1993, 104.

teologia que procura relacionar os distintos textos e tomá-los em seu conjunto. Um bom exemplo dessa tensão pode ser o tema que nos ocupa, o do pecado original. Pois bem, não se deve esquecer que um texto escrito tem a capacidade de ser situado em novas circunstâncias, que o iluminam de modo diferente, acrescentando a seu sentido literal determinações novas. O texto está, pois, aberto a desenvolvimentos posteriores, que se produzem graças a releituras em novos contextos. Um novo contexto revela potencialidades de sentido que os contextos posteriores deixavam na obscuridade, o que nos abre para a compreensão de novos aspectos da revelação no decorrer do tempo.

Na relação entre Escritura e teologia, existe outro assunto que requer a atenção do teólogo e que também afeta a questão do pecado original. Trata-se daqueles relatos escriturísticos que se referem a acontecimentos fundadores, acontecimentos nos quais aparece uma novidade absoluta e decisiva para a história da salvação. Os melhores exemplos deste tipo de relatos seriam, no Novo Testamento, os do nascimento de Jesus e os relatos de aparições de Jesus ressuscitado a seus discípulos. Exemplos do Antigo Testamento poderiam ser os relatos de alianças ou os que se referem à origem do povo escolhido (experiências do Êxodo e do Sinai). Poderíamos considerar nesta categoria os relatos da criação e também o da origem do pecado.

Pois bem, o teólogo não pode permanecer na superfície da narração, mas tem de discernir na mediação do que conta o relato e na mediação de sua linguagem mítica, poética ou simbólica, uma realidade que está mais além das formas. Tem de estar consciente de que essas formas assinalam uma realidade que vai além do que poderia ser constatado ou objetivamente informado.[3] No caso do relato de Gn 3, mais para além

---

3. Cf. José Vidal Talens, *La fe cristiana y sus coherencias. Questiones de teología fundamental*. Faculdade de Teologia, Valência 2007, 120-121.

das formas poéticas ou míticas, há uma realidade acontecida na qual entram em jogo a liberdade de Deus e a liberdade do ser humano; uma realidade na qual está em jogo o modo de situar-se dos humanos diante de Deus.

## O pecado original está implícito na Escritura

A formulação dogmática da doutrina do pecado original que é dada pelo Concílio de Trento considera boa uma leitura historicista, demasiado apegada à literalidade do texto, dos primeiros capítulos do Gênesis. Tal leitura na atualidade ninguém a faz, nem mesmo o Magistério da Igreja. Não obstante, o dogma do pecado original formulado no Concílio de Trento a partir de tais pressupostos bíblicos continua sendo igualmente válido mesmo que estes tenham mudado.

A propósito da formulação tridentina, deve-se fazer uma observação hermenêutica importante: apesar do que pensava praticamente a totalidade dos padres conciliares sobre os pressupostos bíblicos da definição, o certo é que o Concílio não define – ao contrário do que dizia, sim, Santo Agostinho[4] – que em nenhum texto bíblico se contenha o dogma do pecado original. No decreto de 17 de junho de 1546, não existe nem uma única citação de Gn 3, embora me pareça evidente que Trento nos oferece uma espécie de teologia narrativa inspirada em Gn 2–3. O texto bíblico no qual explicitamente se baseia a definição é Rm 5,12, mas nem mesmo aqui se trata de um texto definido, e sim de um texto aduzido como apoio da definição. O *anathema sit* encontra-se antes de Rm 5,12 e, portanto, não o afeta.[5]

Isto é o que permite afirmar a maioria dos teólogos de hoje – digo bem, a maioria, porque ainda existe quem negue

---

4. Santo Agostinho, *Réplica a Juliano* (obra inacabada), III, 89.
5. DH, 1.512.

que a doutrina do pecado original tenha base bíblica[6] – que o pecado original está "implícito" na Escritura. E, portanto, a teologia pode deixar tranquilamente as discussões sobre o alcance dos textos bíblicos para a exegese.

Quando se pergunta à teologia e à catequese mais oficial da Igreja (como é facilmente comprovável nos nn. 385-412 do *Catecismo da Igreja Católica*) pela base bíblica da doutrina sempre se apela à Gn 3,1-13 e Rm 5,12-19. Além disso, a teologia traz claramente que outros textos bíblicos oferecem perspectivas que ampliam, complementam e ajudam a compreender melhor a questão que nos ocupa, como Rm 7,12-23, 1Cor15,21-22 e os textos joaninos sobre o pecado do mundo. Mais ainda, a teologia hoje considera mais interessante o versículo 19 do capítulo 5 da Carta aos Romanos que o versículo 12, pois entende que aí pode conter com maior explicitude o dogma do pecado original: "Pela desobediência de um homem, todos foram constituídos pecadores". Não se fala de pecaminosidade, mas de pecado.

Em continuação, começo com a leitura teológica dos textos bíblicos "tradicionais" sobre o pecado original, concretamente Gn 3 e Rm 5,12. A estes lugares acrescentarei mais dois que ampliam a base bíblica do tema que nos ocupa.

### Emprego teológico de Gênesis 3

*Etiologia histórica*

Em um comentário ao Gênesis, falando dos capítulos 2 e 3, diz Santo Agostinho: "A três se reduzem as sentenças so-

---

6. "O ensinamento da Igreja ocidental sobre o pecado original não é doutrina bíblica" (Alejandro de Villalmonte, *Cristianismo sin pecado original*. Ediciones Naturaleza y Gracia, Salamanca 1999, 113; nesse livro, na página 48, fala-se do "desconhecimento perfeito que o AT tem a respeito da figura do pecado original". Já o bispo Juliano de Eclano, contemporâneo de Santo Agostinho, negava que na Escritura estivesse contida a doutrina do pecado original.

bre o paraíso. Uma, a daqueles que só querem que se entenda o paraíso de um modo material; outra, a dos que unicamente o entendem em sentido espiritual; e, por fim, a terceira, a daqueles que tomam o paraíso em ambos os sentidos, umas vezes em sentido material e outras vezes em sentido espiritual. Eu o direi brevemente: confesso que me agrada a terceira". Pois bem, embora seja a terceira a que lhe agrade, dir-se-ia que Santo Agostinho, a postos para acentuar um dos dois sentidos, se define pelo qualificado como material: "A narração que faz nesses livros não é do gênero de locução figurada, como a do Cântico dos Cânticos, e sim totalmente de coisas históricas".[7]

Do pequeno elenco de teólogos antigos e modernos que eu conheço, não existe nenhum que se detenha na primeira alternativa que propõe Santo Agostinho, a da interpretação material ou histórica. Alguns interpretam o capítulo 3 do Gênesis de forma puramente simbólica. Mas a leitura teológica preferida, sobretudo entre os teólogos católicos, é a terceira sentença de Agostinho: o paraíso é um relato ao mesmo tempo simbólico e histórico. Ou, então, dito com mais precisão: é um escrito simbólico que narra fatos acontecidos.

Entre os defensores da leitura simbólica (a maioria protestantes) existem autores de reconhecido prestígio. Segundo Karl Barth, na lenda (*Sage*) do Gênesis, Adão "é, de forma totalmente banal, o que nós somos: um homem de pecado". O que aqui nos é contado "vale exemplarmente para todos os que vêm depois dele".[8] Igualmente, segundo Pannenberg, "a história de Adão é a história de todo o gênero humano: é uma história que se repete em cada um". "Para isso, não se requer o acontecimento único de uma queda em pecado nos alvores

---
7. *Del Génesis a la letra*, VIII, 1 e 2.
8. K. Barth, *Dogmatique*, quatrième volume, tome premier, 2. Labor et Fides, Genebra 1966, 163-165.

da história".⁹ Posições parecidas se encontram no campo da teológica católica: "Temos de renunciar não ao conceito de pecado original, mas sim à pretensão de nos encontrarmos concretamente com ele na história".¹⁰

Sem dúvida, o mais significativo (de uma leitura puramente simbólica) no campo católico, pois parecia contar (até que foi desqualificado) com o aval de alguns bispos, é a posição do *Catecismo Holandês*. Para seus autores, Gn 2–3 é um relato paradigmático, um profundo simbolismo no qual encontramos os elementos básicos de todas as relações vitais do homem com Deus. "Não se trata de descrever fatos históricos"; portanto, "este trecho bíblico poderá e deverá ser suplantado enquanto descrição das origens da humanidade". E mais adiante: "As origens são para nós menos importantes que antigamente. Mesmo em relação ao pecado, assim acontece: não é preciso dar significação particular ao conhecimento de um primeiro pecado".¹¹

A posição majoritária na teológica católica para descrever o narrado em Gn 3 se reconhece na expressão "etiologia histórica", expressão cunhada por Karl Rahner.¹² Etiologia é o estudo sobre as causas de um acontecimento. Gn 3 seria uma etiologia histórica porque (por meio da linguagem simbólica) o relato busca no sucedido no princípio – em uma causa histórica – a explicação da experiência da situação existencial e salvífica – atual – do homem. A ideia de que é preciso recorrer

---
9. Wolfhart Pannenberg, *Teología sistemática*, vol. II. UPCO, Madri 1996, 186-187. Cf. também E. Brunner, *Dogmatique* II, Genebra 1965, 116: "Para as questões sobre quando e como se produziu a queda não temos resposta".
10. Juán Luis Segundo, *Evolución y culpa*. Ediciones Carlos Lohlé, Buenos Aires 1972, 109.
11. *Nuevo catecismo para adultos. Versión íntegra del Catecismo holandés*. Herder, Barcelona 1969, 252-254.
12. Cf. Carl Rahner, *Curso fundamental sobre la fe*. Herder, Barcelona 1979, 145; "Ätiologie", en LThK, I, 1957, 1011-1012; *Mysterium salutis*. Cristiandad, Madri 1969, II, 1, 466-467.

à história para compreender a fundo Gn 3, já está presente em Santo Agostinho e em Santo Tomas de Aquino. Agostinho aceita que se faça uma interpretação alegórico-simbólica dos primeiros relatos do Gênesis, mas sempre "que se crie a verdade fidelíssima da história apresentada na narração dos acontecimentos ali realizados".[13] Por seu lado, Tomás de Aquino afirma: "O que a Escritura narra do paraíso ela o faz como narração histórica, a qual se podem acrescentar comentários espirituais".[14]

Nesta linha, com novos matizes, os teólogos atuais afirmam por sua vez o caráter único e histórico de Gn 3. O relato é "mítico", diz Dubarle. Mas mito não é uma parábola ou uma fábula, procedimentos pedagógicos empregados para fazer compreender uma lição que depois será claramente formulada; mito é o modo de expressar-se de épocas ou mentalidade que não têm ainda um pensamento abstrato desenvolvido. O mito é um relato fundador, diz sempre como algo nasceu. Por outro lado, continua este autor, o relato de Gn 3 é histórico, não no sentido próprio de um relato apoiado em testemunhos ou restos observáveis do passado, mas sim no sentido de um relato com intencionalidade histórica em sentido amplo, como acontece com a parábola dos vinhateiros homicidas, que resume o acontecimento histórico da rejeição do Filho de Deus. Em suma, no mito do Gênesis "não se trata de uma representação não temporal da condição humana de todo homem, e sim simultaneamente de sua explicação pelo ato livre do antepassado".[15]

Por seu lado, José Ignacio Gonzáles Faus, depois de reconhecer que em Gn 2–3 "existe muito mito", escreve: "Tal reflexão não tem simplesmente a finalidade de descrever *o que*

---

13. *La ciudad de Dios*, XIII, 21.
14. *Suma de teología*, I, 102, 1.
15. A.-M. Dubarle, *Le péché originel. Perspectives théologiques*. Du Cerf, Paris 1983, 155-156.

*acontece*, mas de descobrir algo *que aconteceu"*. Para ilustrá-lo, compara o relato do pecado com a afirmação de que a mulher foi tirada de uma costela do homem. "Neste último exemplo só se pretende engrandecer a profundidade da atração sexual, que é distinta, por exemplo, da atração do alimento. No primeiro, em troca, *aponta-se para algo realmente sucedido"*.[16]

Esta leitura de Gn 3, como sendo "ao mesmo tempo" mito e história, situa-se em continuidade com a doutrina mais oficial e ortodoxa da Igreja. É sabido que a *Humani generis* reconhece que os onze primeiros capítulos do Gênesis não são história nem em sentido moderno nem em sentido antigo, ou seja, em linha parecida à que P. Dubarle dizia que Gn 3 não era relato histórico, para acrescentar imediatamente que estes capítulos "em um sentido verdadeiro pertencem ao gênero da história".[17] O *Catecismo da Igreja Católica* (nº 390) se expressa assim: "O relato da queda (Gn 3) utiliza uma linguagem feita de imagens, mas afirma um acontecimento primordial, um fato que ocorreu no começo da história do homem".

Neste "ao mesmo tempo" simbólico e acontecido, não histórico e histórico, caberia ver paralelismo com outros grandes temas teológico-doutrinais da fé, guardando todas as cautelas necessárias e reconhecendo o distinto valor das doutrinas? Estou pensando nos textos bíblicos sobre a ressurreição de Cristo. O *Catecismo da Igreja Católica* reconhece que a ressurreição é um acontecimento transcendente (ou seja, acontece para além da história; é meta-histórico, dizem

---

16. *Proyecto de hermano*. Sal Terrae, Santander 1987, 324-325.
17. DH, 3.898. Karl Rahner escreve, em *Mysterium salutis* II, 1, 467: "A teologia católica, de acordo com a doutrina da Igreja (DH, 3.862ss, 3.898s), sustenta que em tais expressões trata-se verdadeiramente de fatos históricos reais, acontecidos em um ponto espaço-temporal preciso do mundo. Mas a teologia católica tem também a possibilidade de conceber tais afirmações como etiologia histórica, isto é, como afirmações que o homem faz desde sua experiência salvífica ou não salvífica em sua relação histórica com Deus, visto que por essa experiência e nela o homem pode reconhecer como devem ter sido as coisas no princípio".

muitos exegetas teólogos). E, não obstante, depois de analisar os textos bíblicos afirma: "Diante destes testemunhos é impossível interpretar a ressurreição de Cristo fora da ordem física e não reconhecê-la como um fato histórico" (n. 643). A ressurreição é "ao mesmo tempo" acontecimento histórico e transcendente. Neste "ao mesmo tempo" encontram-se a protologia e a escatologia. Em todo caso, convém advertir o uso análogo do qualificativo "histórico". O que se pretende afirmar com seu uso é a realidade dos fatos. Com uma ressalva: o fato do pecado do primeiro humano aconteceu neste mundo e o fato da ressurreição acontece no mundo celestial.

Seja como for este paralelismo, em toda esta proposta do "ao mesmo tempo" simbólico e histórico do relato da queda, alguém acaba por suspeitar que o que importa verdadeiramente é defender o segundo termo, o histórico, porque o simbólico é demasiado evidente e se defende por si só. Se assim for, a questão decisiva é: por que resulta tão importante manter o caráter histórico do relato da queda? Porque só assim se afirma a bondade de Deus e a culpabilidade do ser humano. O mal não tem sua origem em Deus, e sim na ação livre, voluntária, do homem. Deus não é o culpado desta situação. Ao contrário, ele fez o homem "muito bem feito" (Gn 1,31) e lhe deu a possibilidade de orientar muito bem sua liberdade. O pecado não é uma realidade necessária, e sim contingente. Não é efeito de uma natureza que estaria mal feita, e sim de uma liberdade mal focalizada. Em resumo, "o homem é autor daquilo que existe, e Deus é preferivelmente o autor daquilo que deveria existir".[18] Além disso, se o pecado é um acontecimento histórico, consequência da liberdade humana, e não uma necessidade ontológica, é possível lutar contra ele. Não é algo fatal e inevitável.

Por outro lado, este primeiro pecado chamado originante é necessário para sustentar o pecado original originado,

---

18. José L. González Faus, *Proyecto de hermano*. Sal Terrae, Santander 1987, 328.

isto é, o fato de que todos nascemos em pecado. Negado o primeiro, o segundo só poderia sustentar-se à custa de afirmar que Deus fez mal ao homem. O originante é necessário para compreender a situação de pecaminosidade na qual se encontra a humanidade atual. Sem dúvida, é possível apelar a um mistério da iniquidade (2Ts 2,7): o pecado é inexplicável, aparece sem se saber por quê. Este é o pressuposto que existe debaixo da leitura puramente simbólica.[19] Mas podemos apelar ao mistério sem deixarmos ao menos a salvo a responsabilidade de Deus? Não parece, então, mais razoável a leitura etiológico-histórica? Deter-se só no mistério explicaria os esforços do autor de Gn 3 por encontrar uma explicação para o escândalo do mal? Ao localizar no homem a causa do pecado, Gn 3 estaria buscando fazer razoável a fé.

*Análise teológica dos conteúdos*

Deixo de lado o paralelismo entre Gn 3 e algumas suras do Corão (2,28-37) (suras evidentemente muitas centenas de anos posteriores ao Gn 3) ou o mito grego de Pandora, bem como algumas leituras filosóficas do texto de que nos ocupamos, para concentrar-me em três perguntas importantes que parecem encontrar resposta no conjunto dos conteúdos de Gn 3: em que consiste o pecado das origens?; como se explica que o ser humano pecasse?; que consequência teve esse primeiro pecado?

*Em que consiste o pecado das origens?*

O pecado das origens e, por extensão, todo pecado, em sua raiz mais profunda, é a ruptura do homem com Deus. Rompo porque não confio. "A incredulidade é a fonte de todo pecado", diz Lutero. Desconfio de uma palavra e confio em outra.

---
19. Cf. Juán Luis Ruiz de la Peña, *El don de Dios*. Sal Terrae, Santander 1991, 74.

"A serpente fala" (Gn 3,1): enfrenta-se a Palavra pela palavra.[20] A desconfiança provoca a desobediência[21] e se manifesta o orgulho.[22] Torna-se possível interpretar nesta perspectiva de ruptura com Deus a perda da santidade e justiça da qual fala o Concílio de Trento para descrever o pecado original.[23]

A palavra do tentador é muito sutil: "Sereis como deuses"[24] (Gn 3,5). O ser humano, desde seu começo, tinha sido chamado a ser como Deus. Seu erro – seu pecado – mostrou-se no querer ser como Deus sem Deus; em não reconhecer que, devido à sua limitação, só era divinizável por graça. Segundo Santo Agostinho, encantou-se o homem ao escutar da boca da serpente: "Sereis como deuses". Mas equivocou-se "não querendo ser semelhante a ele por ele, e sim procurando ser semelhante a Deus por si mesmo".[25] "Teriam podido sê-lo melhor (como deuses) mantendo-se obedientes a seu verdadeiro e soberano princípio do que se constituindo eles mesmos princípio para si mesmos pela soberba. Com efeito, os deuses criados (isto é, os homens: 'Sois deuses' [Jo 10,34; Sl 82,6]) não são deuses por sua verdade, e sim por participação do Deus verdadeiro".[26]

A face visível, a mediação do afastamento de Deus, é a posição que o homem adota perante sua finitude. O que está

---

20. Martin Lutero, *Oeuvres*, t. XVII. Labor et Fides, Genebra 1975.
21. *Id.*, 135-138.
22. Cf. K. Barth, *op. cit.*, nota 8, 131ss. Barth cita Pr 16,18: "O orgulho precede a queda".
23. DH, 1.511.
24. Cada versículo de Gn 3 mereceria que nos detivéssemos nele. Aqui limito-me a comentar os dados que me parecem significativos para a reflexão teológica. O versículo no qual agora me detenho vem depois de um diálogo entre a mulher e a serpente de grande profundidade psicológica: enquanto a serpente insinua que Javé proíbe comer todas as árvores, a mulher retifica: "Não, só de uma". A primeira mentira não deu resultado. A segunda encontra-se depois da hábil afirmação: "Sereis como deuses"; o tentador acrescenta: ser como Deus é conhecer "tudo", "o bem e o mal". Segunda mentira: Deus só conhece o bem (conhece em sentido bíblico, como uma profunda experiência pessoal).
25. *De Trinitate*, X, 5, 7.
26. *La ciudad de Dios*, XIV, 13, 2.

em evidência é uma autêntica opção fundamental.[27] O homem quis construir a si mesmo desligando-se da fonte da vida. Situou-se assim em uma posição impossível, contradizendo a mesma essência do seu ser, pois seu ser é "de Deus": o homem quer ser, mas sem o Ser, quer viver prescindindo daquele que dá a vida. Como diz Kierkegaard: "ao perder Deus perde-se o eu; carecer de Deus é carecer de eu".[28] "Ser em si mesmo abandonando Deus é aproximar-se do nada".[29] Pecado original é a situação do homem sozinho consigo mesmo, abandonado a suas forças.[30]

Um paralelo do versículo 5 poderia ser o 22: "Disse Javé: Eis que o homem veio a ser como um de nós". Alguns teólogos veem aí uma expressão irônica. Outros tomam a sério esta afirmação: o pecado é uma afirmação de si e, neste sentido, é uma promoção, o que sem dúvida representa um progresso, mas no plano da alienação, do enfrentamento e da luta. Plano que conduz irreversivelmente à catástrofe. Quando o homem decide sem Deus o que é bom e mau, coloca-se à altura de Deus e, de certa maneira, realiza a imagem de Deus, mas em um plano de ruptura e de enfrentamento.[31]

Em minha opinião, Gn 3,22 presta-se a ser lido em chave evolutiva. A evolução não depende do pecado, mas o pecado dobra-a em determinado sentido. O versículo poderia dar oportunidade à compreensão de um progresso evolutivo para cima no plano biológico-cultural, compatível com um retrocesso ou evolução para baixo no plano teológico.

---

27. Juán Luis Ruiz de la Peña, *El don de Dios*. Sal Terrae, Santander 1991, 64.
28. S. Kierkegaard, *Traité du désespoir*. Gallimard, Paris 1949, 101. Em linha kierkegaardiana pode-se ler o que Pannenberg escreve em *op. cit.*, nota 9, 270.
29. Santo Agostinho, *La ciudad de Dios*, XIV, 13, 1.
30. "A pena do pecado original consiste em que a natureza humana fique entregue a si mesma, desprovida da ajuda da justiça original" (Tomás de Aquino, *Suma de teología*, I-II, 87,7). A oração da terça-feira da segunda semana da Quaresma diz que "não pode sustentar-se o que se fundamenta na fraqueza humana".
31. C. Paul Ricoeur, *Finitud y culpabilidad*. Taurus, Madri 1982, 403.

Uma vez afirmada a ruptura com Deus, a teologia deverá deixar muito claro que romper com Deus e edificar sobre alguém inevitavelmente conduz à ruptura e ao enfrentamento com o próximo e, finalmente, à própria autodestruição, como vem indicado em Gn 3,11-13: o homem acusa a mulher; a mulher também não quer assumir responsabilidades e acusa a serpente. A ruptura com Deus é o começo da não solidariedade humana; o pecado não une, em vez disso, separa os homens.

Esta ruptura com o próximo, consequência inevitável da ruptura com Deus, aparece muito clara no capítulo 4 do Gênesis, na história de Caim e Abel. A inimizade com Deus está na origem de todas as corrupções humanas. Só estando em paz com Deus é que se pode estar em paz consigo mesmo. E só estando em paz com Deus e consigo mesmo é possível viver em paz e harmonia com os outros. Esta falta de união com o próximo, consequência da ruptura com Deus, encontra uma boa iluminação, em positivo, na sétima bem-aventurança de Jesus, segundo diz o primeiro dos Evangelhos: "Bem-aventurados os pacíficos, porque serão chamados filhos de Deus" (Mt 5,9). A filiação se traduz necessariamente em fraternidade. Onde não existe fraternidade não se reconhece a paternidade comum de Deus. Por isso, a falta de paz é a negação da filiação e, por fim, da fraternidade. Neste sentido, pode-se dizer: "Quando o homem perde de vista Deus, fracassa a paz e predomina a violência, com atrocidades antes impensáveis, como acontece hoje de maneira amplamente clara".[32] Enquanto Deus une, o diabo divide e separa.

*O simbolismo da serpente ou o desencadeante do pecado*

Como é possível que o ser humano se colocasse em situação de ruptura com Deus? Como vimos no capítulo anterior,

---

32. Joseph Ratzinger – Bento XVI, *Jesús de Nazaret. Desde el bautismo a la Transfiguración*. La Esfera de los Libros, Madri 2007, 114.

não se pode pecar se não se cumprirem três condições essenciais. Existe uma quarta condição desencadeante. Desta, trata Gn 3 e pressupõe as outras.

As condições essenciais que explicam e possibilitam o pecado são a finitude (pois "o que pode falhar alguma vez falha"[33]), e a liberdade (é o preço que Deus deve pagar para ter um interlocutor autêntico[34]). Esta situação de finitude e liberdade, essencial ao ser humano, fica muito bem indicada ao dizer que foi criado como imagem de Deus. Imagem criada, ou seja, liberdade finita, isso é o ser humano. Mas esta situação, por si só, não basta para que se produza o pecado. Necessita-se, além disso, viver da fé. Na vida eterna, o ser humano continuará sendo finito e livre e não poderá pecar, porque quando uma pessoa encontrou a felicidade plena já não a deseja largar. Mas, enquanto um ser humano ainda se encontra na obscuridade da fé, o que é bom pode parecer mau e o que é mau parecer bom. O ser humano no paraíso, do qual fala o Gênesis vivia de fé, encontrava-se com Deus por meio das criaturas,[35] criaturas "muito apetecíveis" como dizem Gn 3,6 e 2,9.

Dando por supostas a finitude e a liberdade, no portal do relato da queda aparece a condição desencadeante, aquela que provoca a passagem da possibilidade de pecar ao ato do pecado. Aparece a tentação sob a imagem da serpente, que desorienta e confunde a liberdade humana. Trata-se de uma força contrária a Deus e ao homem, que faz seu aparecimento já antes do pecado humano. O que significa que o homem, além de culpado, é também vítima, alguém acossado.

---

33. Tomás de Aquino, *Suma contra los gentiles*, III, 71.
34. "A verdadeira liberdade é sinal eminente da imagem divina no homem. Deus quis deixar o homem em mãos de sua própria decisão" (*Gaudium et spes*, 17).
35. De sumo interesse a respeito, cf. Tomás de Aquino, *Suma de teología*, I, 94, 1; II-II, 5, 1. Já temos notado que a situação do homem no paraíso não era tão flutuante como algumas leituras de Gn 2 querem supor.

Existem duas leituras teológicas do simbolismo da serpente, inspiradas em diferentes exegeses. Há os que creem ver aqui uma polêmica contra os cultos cananeus da fecundidade que fascinaram Israel, arrastando-o à idolatria. Outros comentaristas dizem que a serpente seria pura e simplesmente a projeção da tendência pecaminosa latente nas mesmas estruturas do humano. Ofereço aqui dois comentários, um de cada tendência.

Joseph Ratzinger aceita que "a imagem da serpente está tomada dos cultos orientais da fecundidade que, pelos séculos, constituíram a tentação de Israel, o perigo de abandonar a Aliança". E comenta que, por este culto, a serpente diz ao homem: "Não te acolhas a essa Aliança que está tão distante e te impõe tantas limitações". A pergunta que a serpente faz à mulher não nega Deus, mas contém uma suposição que arrasta o homem da confiança para a desconfiança. "A primeira não é a negação de Deus – diz Ratzinger – mas a suspeita de sua Aliança", que rouba do homem sua liberdade e as coisas mais apreciáveis da vida. O homem deve libertar-se da limitação do bem e do mal. O que está permitido ao homem, ao dono e autor da técnica moderna? Aquilo do que é capaz, o tecnicamente possível, sem mais limites. O homem não quer ser dependente. O Deus da Aliança é um estranho. O homem quer ser Deus mesmo, negando os limites do bem e do mal. Assim, vive na falsidade, equivoca sua verdade.[36]

Paul Ricoeur afirma que a serpente simboliza a responsabilidade do ser humano, mas com uma especificação: não é só algo do homem, mas também algo do mundo, algo prévio que desperta o que já existe no homem. A serpente seria, assim, "a sedução com a qual nos seduzimos nós mesmos, projetada no objeto da sedução". Ricoeur apoia-se em Tg 1,13-14: cada um é tentado por sua própria concupiscência! Este ob-

---

36. *Creación y pecado*. Eunsa, Pamplona 2005, 87-90.

jeto no qual nos projetamos não diminui a responsabilidade própria, mas matiza que "na experiência histórica do homem cada qual encontra que o mal já ali estava; ninguém o começa de todo".[37] O homem não é o mal absoluto. Sua maldade consiste em condescender, em ceder. Por isso, a serpente ataca a parte fraca do ser humano. Tal seria o simbolismo da mulher: Eva é o ponto fraco de cada um. Todas as mulheres e todos os homens são tentados em sua "Eva" e pecam em seu "Adão".

Ao longo da Escritura, detecta-se um processo de personalização da serpente originária, que se identifica com o diabo, demônio, inimigo, príncipe deste mundo ou Satanás: "A serpente antiga, chamada diabo e Satanás, sedutor do mundo inteiro" (Ap 12,9). Por outro lado, cada vez que a Igreja se pronunciou sobre esse tema, deixou clara a realidade pessoal e espiritual, sempre subordinada a Deus, do demônio. Embora também seja certo que sua existência "não foi nunca objeto de uma declaração dogmática".[38] É bom recordar aqui a distinção entre doutrina da Igreja e fé da Igreja.

---

37. Acrescenta Ricoeur: "O mal faz parte da conexão inter-humana, é algo que se transmite; é uma tradição, uma herança, e não um simples acontecimento. Existe, pois, uma anterioridade do mal com relação a si mesmo, como se o mal fosse seu próprio eterno antepassado, algo que encontramos cada um e que continuamos começando-o, mas começando-se ele por sua vez" (*op. cit.*, nota 31, 406-407). Nesta linha segue também este texto de Kant, que cito extensamente porque me parece interessante: "A determinação mais precisa da maldade de nossa espécie é algo que a narração histórica da Escritura procura explicar colocando o mal no princípio do mundo, mas não precisamente no homem, e sim em um *espírito* anterior a ele e de um escalão originariamente superior. Com o que se torna inexplicável, o *primeiro* começo de todo mal em geral (pois de onde provinha o mal para aquele espírito?), ao passo que se apresenta o homem como tendo caído no mal por via de *sedução*; portanto, *não radicalmente* corrompido (inclusive no que diz respeito à sua disposição primigênia para o bem), mas como sendo ainda capaz de poder melhorar, ao invés do que sucede a um *espírito* sedutor, isto é, um tipo de ser no qual não tem cabimento aduzir, como circunstância atenuante de sua culpa, a tentação da carne; e em consequência deixa-se ao homem, que mesmo com seu coração corrompido continua conservando não obstante uma boa vontade, a esperança de um retorno a esse bem do qual se afastou" (I. Kant, *La religión dentro de los limites de la mera razón*. Alianza, Madri 1969, 53).
38. Joseph Ratzinger – Vittorio Messori, *Informe sobre la fe*. BAC, Madri 1985, 151.

Não é possível um pronunciamento claro sobre o que o Novo Testamento, a liturgia e a doutrina da Igreja qualificam de demônio ou Satanás, porque se trata de uma realidade misteriosa. Misteriosa e perversa. O que importa, em todo caso, são os efeitos bem reais que o diabólico produz, seja qual for sua identidade e idiossincrasia: "Sabe insinuar-se em nós pelos sentidos, pela imaginação, pela concupiscência, pela lógica utópica, pelas relações sociais desordenadas, para introduzir em nossos atos desvios muito nocivos", dizia Paulo VI em um discurso de 15 de novembro de 1972. Estes tipos de expressões recorda as da Primeira Carta de Pedro 5,8: "Vosso inimigo, o diabo, como leão rugindo, ronda procurando a quem devorar". Mas o autor da carta acrescenta: "Resisti a ele firmes na fé". Pecado, como já sabemos, é o contrário de fé. Precisamente, a tentação pretende induzir-nos à não fé. Todavia, é possível resistir-lhe: a tentação não é invencível. Ao contrário, apoiando-nos na Palavra de Deus, confiando nesta Palavra, podemos vencer todas as seduções do maligno, pois Deus não permite que sejamos tentados acima das nossas forças. Por este motivo, a tentação nunca vem sozinha: sempre a acompanha a força da graça (cf. 1Cor 10,13).

Em nossos dias, o satânico transformou-se em objeto de curiosidade malsã, de jogo perigoso por parte de alguns grupos, de sensacionalismo nos meios de comunicação ou de folclore nas festas populares. A fé cristã toma a sério a realidade do mal, conhece suas perigosas inércias. O diabólico, sem dúvida, pode encontrar-se no tristemente espetacular, mas é no coração e na mente do ser humano o lugar onde é preciso buscar suas raízes últimas; as armadilhas do diabo atuam mais por meio do espírito que da carne (cf. Ef 6,12). Não é estranho que Tomás de Aquino, ao tratar das ciladas dos demônios,[39] elimine todo antropomorfismo para limitar-se ao domínio da

---

39. *Suma de teología*, I, 114.

inteligência e da vontade. Se a restauração que a graça opera "se realiza antes de tudo na mente",⁴⁰ o lógico é que o que se opõe à graça atue também na mente. E, portanto, se o que nos une com Deus é a graça, o que nos separa de Deus, o que divide, bem pode ser qualificado de diabólico (διαβολος = aquele que causa desavença, desacordo).

*Consequências do pecado das origens*

É preciso perguntar-se, finalmente, pelas consequências do pecado das origens. Hoje, a teologia aceita que em Gn 3 não se fala de nenhuma transmissão mediante geração do pecado, mas nota-se que este relato não pode se vir isolado de um conjunto de histórias de pecado que tem aí seu início. Neste sentido, diz Luis F. Ladaria, pode-se falar de culpa ou de pecado que procede da origem e que, de algum modo, é hereditário. Não se transmite por geração, mas existe entre os homens uma solidariedade mais ampla que a biológica. Ainda assim, em Gn 3, reconhece Ladaria, não se determina a relação exata que existe entre o primeiro pecado e os sucessivos, embora pareça claro que em toda esta história exista algo mais que uma simples sucessão de atos pecaminosos sem conexão entre si.⁴¹

À teologia interessam algumas consequências importantes do pecado que aparecem no relato. A primeira, a expulsão do paraíso, isto é, a perda daquela situação de amizade e harmonia com Deus na qual os humanos se encontravam, e, consequentemente, a perda da harmonia com o mundo (Gn 3,17-18) e entre eles (Gn 3,12-13: o homem acusa a mu-

---

40. *Suma de teología*, I-II, 109, 8.
41. Luis F. Ladaria, *Teología del pecado original y de la gracia*. BAC, Madri 1993, 63; também J. L. Ruiz de la Peña, *op. cit.*, nota 27, 75: "Falta em nosso texto a asserção *explícita* de um nexo causal entre o primeiro pecado e a situação universal de pecado. Mesmo que tal nexo possa conjeturar-se razoavelmente" (segundo o teor da ideia de solidariedade no pecado latente no relato javista).

lher e nenhum dos dois quer assumir a sua responsabilidade nem reconhecer sua culpa). Não se trata de uma consequência arbitrária ou exterior ao pecado. Uma vez que excluí Deus de minha vida para permanecer unicamente comigo mesmo, e se, além disso, rompi com os irmãos, esquecendo que uma pessoa sempre é "pelos outros" e "para os outros", as consequências do pecado não aparecem vindas de fora de mim mesmo ou impostas por mão justiceira, mas sim como a natural consequência de ter rompido com aquele que é nossa origem permanente (cf. Ez 18,24; Jo 3,19; 12,47).

Segundo a teologia tradicional, a expulsão do paraíso traz consigo a perda dos supostos dons preternaturais de integridade (ou ausência de concupiscência) e imortalidade. Hoje, a teologia tem consciência do fraco apoio bíblico com o qual conta. E os versículos que pareciam confirmar esta perda servem para realizar leituras mais sugestivas e, seguramente, mais concordes com a exegese.

O pecado, uma vez cometido, mostra sua própria mentira, nunca realiza sua promessa (cf. Jo 8,44: o demônio é "o pai da mentira"). A serpente havia prometido que lhes abririam os olhos para conhecer o bem e o mal. E assim é, porém, não para conhecê-lo, e sim para conhecer que estavam nus (Gn 3,5.7). A nudez não tem a ver com a concupiscência, mas sim com a indignidade na qual se situa o homem ao pecar. Assim, se explica o diálogo de Javé com Adão a propósito da nudez: o "aperceber-se" de que está nu, o ter consciência má,[42] é consequência do descumprimento do mandamento.

A mais evidente consequência do pecado é o pavor da morte. Durante muito tempo, a teologia interpretou que a morte biológica era consequência do pecado, apoiando-se não só em Gn 2,17; 3,3.19, mas também em Sb 2,23-24 e em Rm 5,12. Hoje, praticamente, ninguém faz essa leitura, embora

---

42. Cf. Martinho Lutero, *op. cit.*, nota 20, 159.

o Magistério pareça continuar mantendo "a morte corporal".[43] Em todo caso, para a prática totalidade dos teólogos, a morte é uma realidade natural. A Escritura, portanto, estaria falando da morte "espiritual", consequência do abandono de Deus. Por isso, o problema da morte física é a maneira de enfrentá-la. O medo que a morte produz é a consequência do pecado (Hb 2,15). Para quem vive unido a Deus, por meio de Cristo ressuscitado, a morte pode, inclusive, transformar-se em um desejo (Fl 1,21.23).

*Pecado e esperança*

Para concluir este resumo – necessariamente breve – do que me parece fundamental na leitura teológica de Gn 3, devo referir-me ao versículo 15. A revelação do mal sempre se faz acompanhar de uma esperança. Caso contrário, tornar-se-ia insuportável. Apesar do pecado, os seres humanos não deixam de ser protegidos por Deus.

A inimizade e a luta contra o poder satânico caracterizam o peregrinar do homem sobre a terra. Mas esta luta, que deverá durar quanto dure o mundo, decidir-se-á definitivamente a favor do homem. A sentença divina contra o homem decaído contém também uma promessa de salvação por um novo caminho iniciado por Abraão e que culminará em Jesus Cristo. Nesta leitura estão de acordo teólogos católicos e protestantes. A diferença entre uns e outros está em que muitos católicos costumam aludir a Maria como inseparável companheira de Jesus Cristo.[44] De fato, Gn 3,15 é a primeira "prova" escriturística do dogma da Imaculada Conceição.

---

43. Expresso-me com prudência: "parece". Como exemplo do que digo, ver a nova redação do *Catecismo holandês*, seguindo as indicações recebidas de Roma: *op. cit.*, nota 11, 17-18, e o *Catecismo da Igreja Católica*, nº 376, com citação de Gn 3,19.
44. Cf. *Catecismo da Igreja Católica*, nº 411.

Pois bem, não se deve deduzir daí que o pecado seja condição da vinda de Cristo. Certamente, o compêndio conhecido como Catecismo do Concílio de Trento trata da necessidade do Redentor à luz do pecado original citando expressamente Gn 3,15. Por seu lado, Lutero, seguindo nisto Santo Agostinho, afirma: "É preciso amplificar a realidade do pecado, pois se não for bem reconhecido, o remédio tampouco será conhecido nem desejado. Quando mais se minimiza o pecado, mais depreciada é a graça".[45] Hoje, a teologia já não considera que o pecado original seja o motivo da encarnação. Inclusive há quem chegue a dizer que o Filho se encarna, "apesar" do pecado original.[46] O motivo da encarnação é a salvação do ser humano, salvação que, com pecado ou sem pecado, é pura graça de Deus e só como graça pode ser acolhida. Em todo caso, o que o pecado faz é magnificar a graça de Deus e outorgar-lhe uma nova dimensão. É graça que cura, além de elevar. Todavia, a necessidade estrita da graça deve-se à finitude humana.

**Leitura teológica de Rm 5,12**

O outro grande texto sobre o qual a teologia construiu sua doutrina do pecado original é Rm 5,12: "Por um só homem, o pecado entrou no mundo, e pelo pecado a morte, e assim a morte alcançou todos os homens, porque todos pecaram". Se em Gn 3 encontramos o relato da origem do pecado, Rm 5,12 foi o referencial bíblico da reflexão sobre o pecado transmitido, sobre as consequências do primeiro pecado em cada um

---

45. *Op. cit.*, nota 20, 134.
46. "O pecado do próprio pai não motivou de modo algum a vinda do Filho de Deus. Diríamos que, por si, desmereceu-a de modo absoluto. O Filho se encarna apesar do pecado original e de suas sequelas. O Pai, antes da criação do mundo e de Adão nele, tinha já o projeto fixo de comunicar a todos os homens a participação da vida divina. Decisão que continua firme e não se rompe, apesar do pecado da humanidade" (Alejandro de Villalmonte, *op. cit.*, nota 6, 321).

dos nascidos. Em Gn 3, a teologia encontra o pecado original originante; em Rm 5,12, o pecado original originado. Sob o ponto de vista exegético, existe uma clara relação entre ambos os textos: o fundamento de Rm 5,12 é claramente Gn 3.

*Anotações prévias*

Com Rm 5,12, começa uma reflexão que procura especificar a obra de Adão e a de Cristo, bem como as repercussões desta dupla obra em todos e cada um dos seres humanos, da efetividade do pecado e da graça como poderes que dominam o homem. Paulo destaca o efeito universal ilimitado da ação de Adão (Rm 5,18: o delito de um atraiu sobre todos os homens a condenação), a obra ruinosa de Adão. À radicalidade do pecado de Adão corresponde pela parte oposta a radicalidade da graça de Cristo.

É interessante constatar que a doutrina que São Paulo desenvolve pode encontrar paralelismos na tradição judaica a respeito do lado de Adão, embora não do lado de Cristo.[47] Assim, o autor do quarto livro de Esdras (apócrifo do século I d.C.) apresenta Adão como o autor da queda da raça humana (7,48), como aquele que transmitiu a toda sua posteridade a má semente do pecado (3,21-22) e com o pecado padecimentos e morte (3,26). O livro apresenta uma e outra vez Esdras lamentando-o na oração: "Ai, Adão, que fizeste! Quando pecaste, tua queda não só veio sobre ti, mas também sobre nós, tua descendência" (7,118); "seria melhor que a terra não tivesse jamais produzido Adão, ou que, ao menos, o tivesse mantido afastado do pecado" (7,116).

Rm 5,12, mais que falar do pecado de Adão, fala do pecado que entrou por meio de Adão no mundo. O "pecado" aparece como distinto de Adão, mediante o qual conseguiu entrar no mundo, como soberano do mundo: "o pecado reinou pela morte" (Rm 5,21). Paulo percebe a consequência universal da ação de Adão, cujo pecado deu início ao pecar de todos. Desde o princípio, o pecado afeta o mundo. Não é só assunto privado de um indivíduo com seu Deus. Afeta a criação no seu conjunto. Com o pecado, entra no mundo a morte, porque ela é consequência do pecado (mais adiante falaremos dessa morte que o pecado traz: trata-se da morte biológica ou de algo mais profundo, o afastamento, a ruptura com Deus?). Como o pecado entrou no mundo, significa que "todos pecaram". E, assim, a morte alcançou todos os seres humanos porque todos pecaram.

Em Rm 5,12, aparece um problema de solução difícil. Por um lado, a morte entra no mundo pelo pecado de um só homem; por outro lado, a morte alcança todos porque todos pecaram. Primeiro, fala-se do pecado e, depois, dos pecadores. O leitor moderno pode ter a impressão de encontrar-se diante de uma tensão entre ambas as afirmações: se a entrada do pecado por meio de Adão é uma perdição, como se compatibiliza com o pecar de todos como atuação responsável? Segundo Wilckens "no texto existe pouco fundamento para pensar que Paulo vê uma tensão entre ambas as afirmações". Em outras palavras, a segunda afirmação não corrige a primeira. "Nem η αμαρτια é uma ruína diferentemente de todo pecar concreto individual, nem em ημαρτον se prescinde da conexão supraindividual de todo pecar".[48] A reflexão teológica deverá levar em consideração esta interrelação entre "pecado" (αμαρτια) e "pecaram" (ημαρτον).

### As duas exegeses históricas de Rm 5,12

Historicamente, Rm 5,12 deu lugar a duas tradições exegéticas: a grega, que recuperou a exegese contempo-

---

47. Cf. Ulrich Wilckens, *La carta a los Romanos. Rom 1–5*, vol. I, Sígueme, Salamanca 1989, 179-381.
48. *Id.*, 385-386.

rânea, e a latina, que influirá na formulação do dogma no Ocidente.⁴⁹ Nossa análise anterior tinha como referência o texto grego da Bíblia. Não obstante, foi a tradução latina que tinha diante de si Santo Agostinho, o autor que por primeiro sistematizou a doutrina sobre o pecado original, e a que consideraram como boa os padres do Concílio de Trento ao dogmatizar a doutrina.

Segundo o texto grego, "a morte passou a todos os homens porque todos pecaram". Segundo a versão latina, que fora manuseada por Santo Agostinho, o que passou a todos os homens foi o pecado, porque "nele", "em Adão" (*in quo*, tradução latina do εφ ω grego), todos pecaram.⁵⁰ Trata-se de duas diferenças importantes. Santo Agostinho compreende que o que passou para todos, devido ao pecado de Adão, não foi a morte, mas o pecado. Esta leitura expressa a ideia de uma transmissão do pecado. Esta primeira diferença deixaremo-la, por enquanto, quieta. Veremos, em um próximo capítulo, a importância que pode ter uma ou outra leitura (isto é, se o que se transmite a todos é a morte ou o pecado, e, se for a morte, o que se deve entender por morte). Detenho-me na segunda diferença, pois o grego εφ ω tem um sentido causal: *porque* todos pecaram. Santo Agostinho o leu como um relativo (*in quo*) cujo antecedente não era a morte, mas o pecado ou o mesmo Adão (duplo possível antecedente), de modo que entendeu: "o pecado de Adão no qual (*in quo* = no qual) todos pecaram".

---

49. Cf. as boas reflexões de Luis F. Ladaria em B. Sesboüé (dir.), *El hombre y su salvación*. Secretariado Trinitario, Salamanca 1996, 131.
50. "Desde o princípio de minha conversão defendi sempre e defendo agora que *por um homem entrou o pecado no mundo, e pelo pecado a morte, e assim passou a todos os homens, no qual (in quo) todos pecaram* (Rm 5,12) (Santo Agostinho, *Réplica a Juliano*, livro 6, XII, 39). Agostinho baseia-se em uma tradução má do texto grego (*in quo* = em Adão, em vez de *propter quod* ou *propterea* = pelo qual). Cita a seu favor uma longa lista de padres: Irineu, Cipriano, Hilário, Retício, Olímpio, Inocêncio, Ambrósio, Gregório, João Crisóstomo, Basílio, Jerônimo (*Réplica a Juliano*, livro 2, X, 33-34).

Tomás de Aquino herdará as duas leituras de Agostinho a propósito do *in quo*.[51] Das duas possíveis leituras, "no pecado" ou "em Adão", terminará por se impor a segunda, a preferida de Agostinho.[52] Pois bem, provavelmente São Paulo nos diz que todos os homens pecaram em Adão, embora assim o tenham entendido os padres latinos. O que diz São Paulo provavelmente é que todos os homens morrem porque pecam. Repeti "provavelmente" porque nestas questões filológicas e exegéticas mais discutidas nunca chegamos à unanimidade total. De fato, nem mesmo os padres gregos são unânimes no modo de entender o εφ ω; São João Crisóstomo, por exemplo, o entende como um relativo de Adão.[53]

À teologia convém tomar nota das duas exegeses históricas de Rm 5,12, porém também do tipo de morte que o pecado acarreta, e da interrelação entre αμαρτια e ημαρτον.

### Repercussões teológicas e doutrinais

Os documentos dogmáticos da Igreja sobre o pecado original apoiam-se em Rm 5,12. Certamente, a Igreja não definiu que em Rm 5,12 se contenha a doutrina do pecado original, mas se aduz este texto como apoio para suas afirmações dogmáticas. O Concílio de Trento cita o texto bíblico depois de sua definição. O que cai sob anátema é a definição, não os apoios que vêm depois do anátema. Contudo, a seriedade do assunto exige analisar a questão com atenção.

---

51. "O apóstolo trata da universalidade da transmissão do pecado quando diz: *in quo omnes peccaverunt*. Essas palavras, como diz Santo Agostinho, podem entender-se de duas maneiras: ora "naquele", isto é, no primeiro homem, ou então "naquele", isto é, nesse pecado: ou seja, em Adão, que peca, todos de algum modo pecaram, enquanto estavam nele, como em sua primeira origem" (Tomás de Aquino, *Ad romanos, caput* 5, *lectio* 3).
52. Santo Agostinho, *Contra las dos epistolas de los pelagianos*, IV, 4, 7.
53. Ver o estudo de Stanislas Lyonnet, *Le sens de eph'hô en Rom 5,12 et l'éxegèse de Pères grecs*, em *Analecta Biblica*, 1990, 185-202.

Fácil seria tomar partido por uma das duas partes do dilema ao qual nos defronta a história da exegese de Rm 5,12. Porém, talvez o correto imponha alguma matização. Para entender corretamente o versículo que nos ocupa é importante situá-lo à luz do conjunto do texto ao qual serve de cabeçalho (Rm 5,12-21). Trata-se de uma contraposição entre a obra de Adão e a de Cristo. O verdadeiro protagonista do texto é Cristo. Adão é um elemento auxiliar que serve para ressaltar melhor a obra de Cristo. O que não é obstáculo para que Paulo constate a obra destruidora de morte que, desde Adão e por meio de Adão, afeta todos os nascidos.

Pois bem, não se trata de haver simetria entre a obra de um e a obra de outro, pois a graça e a justiça de Cristo superam com superabundância a obra do pecado de Adão. Com Cristo, acontece o "algo mais", a superabundância da graça. Adão é o único a partir do qual todos pecaram; Cristo é o único a partir do qual todos recebem de presente a justiça. Mas não se situam no mesmo plano, pois se Adão é cabal representante do que são e fazem todos os homens, "pecadores" (Rm 5,19), pegos pela condenação (Rm 5,18), Cristo não é representativo do que fazem os homens, mas do que Deus faz com os homens. Cristo não é só, nem principalmente, um modelo do bom agir humano (como Adão é modelo do mal agir), mas o lugar do atuar de Deus. Desde Adão, todos estamos marcados pelo pecado, sem possibilidade de salvação. Desde a graça de Cristo, aparece a possibilidade da vitória, a força da eliminação do pecado.

Mais adiante, nesta Carta aos Romanos (7,7ss), Paulo volta a se referir ao poder do pecado. Um poder que existe desde sempre no mundo, desde Adão, que a todos afeta e que se aproveita inclusive das coisas mais santas, como a lei, para introduzir-se na vida de todos os homens. O homem está sob o domínio do pecado, o que não impede que também seja cúmplice. Quem poderá eliminá-lo? A lei, não. Só o poder salvífico de Cristo, que outorga a vida.

O que se mostra problemático é compreender este poder do pecado anterior a cada um de nós como único fator constitutivo de nosso ser pecador, independentemente de nossa liberdade pessoal e, ao contrário, pretender que a salvação de Cristo requeira nossa adesão livre e consciente na fé. Com o que resultaria uma espécie de automatismo do pecado superior ao poder da graça. Interpretar dessa maneira a questão iria em detrimento da clara afirmação da superabundância da graça (Rm 5,20).

O paralelismo assimétrico entre Adão e Cristo nos conduz a outra conclusão: assim como a incorporação a Cristo exige ser ratificada pessoalmente (os encontros pessoais implicam sempre a liberdade dos que se encontram, a recíproca busca do outro), assim a incorporação ao poder do pecado que está aí desde sempre no mundo e que em todos influi, exige também ser ratificado pessoalmente. De modo que, tanto nos seres constituídos pecadores como nos seres constituídos justos, influem dois fatores: a corrente de pecado e de graça, anterior a cada um de nós, e nossa liberdade pessoal.

A partir desses pressupostos convém ler de novo Rm 5,12:

a) "Por um só homem entrou o pecado no mundo". Alguém introduz o pecado; o pecado é um dado histórico, não ontológico. Não é o resultado inevitável de uma humanidade mal constituída. Existe um primeiro pecado.

b) "E pelo pecado a morte". Esse primeiro pecado traz consigo um poder de morte espiritual que afeta todos os seres humanos. Deixamos para mais adiante a explicação teológica do modo como o pecado afeta a todos. E também a explicação de por qual razão entendemos essa morte como morte espiritual, como separação de Deus.

c) "E assim a morte alcançou todos os homens visto que todos pecaram". O motivo de que a "morte", como resultado do pecado, afete a todos não é por uma espécie de automatismo, e sim pelo fato de que todos pecam, todos aderem a esta corrente de pecado anterior a eles (a não ser que um poder, um campo de força superior ao do pecado, os tire do seu campo de força). Esta situação de morte espiritual é, portanto, o produto da interação de dois fatores: o pecado (αμαρτια) e o "todos pecaram" (ημαρτον), o destino prévio e a opção pessoal culpável. Com acerto, diz Ruiz de la Peña: "Para que o reinado da morte espiritual, desatada pelo destino prévio, se torne efetivo, é preciso que seja responsavelmente apropriado pela decisão livre".[54]

Concluindo, deve-se evitar na interpretação de Rm 5,12 duas soluções extremas: uma, a mais difundida durante muito tempo, segundo a qual em Adão todos pecamos, sem referência aos pecados pessoais. Outra, a que seria resultado de tomar em consideração só esses pecados pessoais e daí concluir que a "morte" da qual nos fala é só a consequência dos pecados individuais de cada um dos homens, sem nenhuma relação destes com o pecado de Adão; com isso, ficaria sem sentido o conjunto da perícope paulina, que se baseia no paralelismo Adão-Cristo para explicar o valor universal da obediência e a redenção deste último. É preciso manter os dois extremos: o pecado entrou no mundo pelo pecado de Adão; e sua presença se torna manifesta na morte e no pecado que alcança a todos e que todos pessoalmente ratificam".[55]

## Solidariedade no pecado dos pais e solidariedade na bênção
*Nós pecamos com nossos pais*

Tanto no Antigo como no Novo Testamento, encontramos uma série de textos que nos falam da solidariedade com

---

54. J. L. Ruiz de la Peña, *El don de Dios*. Sal Terrae, Santander 1991, 102.
55. Luis F. Ladaria, *Teología del pecado original y de la gracia*. BAC, Madri 1993, 74.

o pecado dos antepassados e, inclusive, de uma participação nesse pecado. Trata-se de algo que vai além do ter de sofrer as consequências das faltas distantes dos antepassados.

No salmo 106, os descendentes se reconhecem participando da mesma indignidade que seus pais: "Pecamos com nossos pais". No Antigo Testamento, encontramos afirmações semelhantes em Jr 3,25; 14,20; 32,18; Lm 5,7; Is 65,6-7; Ez 2,3. Mas o que nesta linha pareceu-me mais interessante são alguns textos do Novo Testamento que não se encontram citados nos manuais e que encontrei em O. Dubarle.[56] Refiro-me a Mt 23,29-36 e Lc 11,47-51.

No capítulo 23 do Evangelho de Mateus encontra-se uma série de maldições de Jesus contra escribas e fariseus que culminam com uma acusação: à "presente geração", como se ela fosse a culpada dos crimes cometidos no passado (sobretudo Mt 23,29-36). O mesmo se deve dizer do capítulo 11 do Evangelho de Lucas, a partir do versículo 37 e sua culminação nos versículos 47-51: "Ai de vós porque edificais os sepulcros dos profetas que vossos pais mataram! Portanto, sois testemunhas e estais de acordo com as obras de vossos pais: porque eles os mataram e vós erigis monumentos. Por isso, diz a Sabedoria de Deus: "Enviar-lhes-ei profetas e apóstolos; matarão e perseguirão alguns, para que se peçam a esta geração contas do sangue de todos os profetas derramado desde a criação do mundo, desde o sangue de Abel até o sangue de Zacarias, que pereceu entre o altar e o santuário. Sim, asseguro-vos que se pedirão contas a esta geração".

Vale a pena analisar estas estranhas palavras que Lucas põe na boca de Jesus. A geração presente edifica os sepulcros para os profetas que seus pais mataram, levando assim a seu termo a obra começada por seus pais. Enterram-nos, tal qual

---

56. Op. cit., nota 15, 16-24.

estava prescrito pela lei, para evitar que o cadáver de um condenado manchasse o país (Dt 21,22-23). Matar e enterrar são dois aspectos de um mesmo desígnio. Os que constroem monumentos funerários para os profetas associam-se de coração à execução realizada por seus antepassados e colaboram nela com uma última medida complementar. Desse modo, Lucas vê a sepultura como o último episódio de uma condenação à morte que ele atribui aos mesmos atores, os dirigentes de Jerusalém, o ter pedido a execução de Jesus, o baixá-lo da cruz e o sepultá-lo (At 13,29), visto que ele conhece perfeitamente a iniciativa de José de Arimatéia (Lc 23,50-53).

Esta mesma lógica encontra-se na parábola dos vinhateiros homicidas, na qual os assassinatos, escalonados no tempo, dos diferentes profetas e finalmente do filho amado, se atribuem aos mesmos indivíduos (Mt 21,33-45). As sucessivas gerações, culpadas de ter maltratado os enviados de Deus, são representadas por um mesmo grupo, cuja perversidade continua crescendo. A parábola considera algo mais e outra coisa mais que o puro laço genealógico; há também uma assimilação moral.

Os autores bíblicos, por meio de uma linguagem simples, mostram que a atividade espiritual humana comporta uma dimensão histórica ou cultural. Cada indivíduo, longe de partir do zero, beneficia-se com as aquisições técnicas, intelectuais e morais realizadas pelas gerações anteriores, bem como padece e se converte em participante dos erros, préjulgamentos e crimes de seus predecessores.

*"Em ti serão abençoadas todas as linhagens da terra"*

À teologia cumprirá explicar de que maneira se pode entender esta solidariedade. Vê-lo-emos mais adiante. Antes, importa notar que, embora estejamos aqui nos referindo à participação no mal, existe uma solidariedade e participação melhor e mais forte, aquela que se dá no bem. O primeiro exemplo desta solidariedade no bem é Abraão: "Em ti serão abençoadas todas as linhagens da terra" (Gn 12,3). No Novo Testamento, Maria canta agradecida esta solidariedade "pelos séculos" de toda a linhagem humana com Abraão (Lc 1,54-55). Idênticas palavras se dizem do patriarca Jacó: "Por ti serão abençoadas todas as linhagens da terra, e por tua descendência" (Gn 28,14). Abraão não é mais que antecipação e figura do verdadeiro mediador de toda justiça, Jesus Cristo, por meio do qual todos receberão a vida (1Cor 15,22; Rm 5,15-21). O poder do homem justo, aos olhos de Deus, é maior que o poder do mal. E de sua justiça, podemos participar nós outros. Recordemos a história de Sodoma e Gomorra, aqueles antros de perversão que teriam sido salvos se neles se encontrassem apenas uns poucos justos (Gn 18,20-32). Dever-se-á esperar o Novo Testamento para encontrar o verdadeiramente justo: "Se alguém peca, temos alguém que advoga diante do Pai: Jesus Cristo, o Justo. Ele é vítima de propiciação por nossos pecados. Não só pelos nossos, mas também pelos do mundo inteiro" (1Jo 2,1-2). Este justo "pode salvar definitivamente os que por ele chegam a Deus, visto que está sempre vivo para interceder em seu favor" (Hb 7,25).

Ao homem moderno, individualista, sozinho e solitário, torna-se-lhe difícil compreender a solidariedade, tanto no bem quanto no mal, e, mais ainda, sua relação com Adão e com Jesus Cristo, pois entende que todo homem vive isolado. E, não obstante, graças a esta solidariedade no bem, graças a esta incorporação a Jesus Cristo, é possível a esperança frente ao mal. A Palavra definitiva de Deus é Jesus Cristo: "Por Cristo e em Cristo ilumina-se o mistério da dor e da morte, que fora do Evangelho nos envolve em escuridão absoluta".[57] Unindo-nos a ele, participando de seu mistério pascal, podemos escapar de toda participação no mal, pois nós acabamos sendo vencedores e o pecado resulta vencido.

---

57. *Gaudium et spes*, 22.

## Leitura teológica de alguns textos de João

*Sedução do diabo*

Em Gn 3, aparece uma série de personagens: Javé, por suposto; depois, Adão e Eva e, finalmente, a serpente. Segundo Gn 3, o ser humano peca instigado pela serpente. O homem e a mulher são responsáveis, mas também são vítimas. São estimulados, embora eles se deixem estimular. São seduzidos, embora se deixem seduzir. Ocorre algo parecido, embora muito melhor, com Deus: "Tu me seduziste, Javé, e eu deixei-me seduzir" (Jr 20,7). Há soluções negativas e há também as positivas. Nenhuma anula a responsabilidade do seduzido. Em suas reflexões sobre o pecado, os escritos de Paulo fixam-se no seduzido (Adão). Os escritos de João fixam-se no sedutor.

João não nomeia Adão, todavia seus escritos, tais como os de Paulo, mesmo que sob outra perspectiva, aludem ao relato de Gn 3 para mencionar a ação de Jesus, desta vez como contrária à ação do diabo (cf. Jo 8,41-44). Existe uma influência pecaminosa, exercida pelo diabo, que alcança todos os seres humanos: "Todo aquele que comete pecado é escravo do pecado" (Jo 8,34). Mas o pai e modelo do pecado não é Adão, e sim Satanás: "Vós sois de vosso pai o diabo e quereis cumprir os desejos de vosso pai. Ele era homicida desde o princípio e não se manteve na verdade porque não existe verdade nele: quando profere a mentira, diz o que lhe sai de dentro, porque é mentiroso e pai da mentira" (Jo 8,44). É clara a alusão ao "princípio" que voltamos a encontrar em outro escrito atribuído ao mesmo autor, o Apocalipse: "A serpente antiga, o chamado diabo e Satanás, sedutor do mundo inteiro" (Ap 12,9; cf. 20,2). Em contraposição a esta obra de morte do diabo homicida situa-se a Palavra de Jesus que dá a vida (Jo 8,51).

*Pecado do mundo*

Encontramos também em São João uma série de textos que falam do pecado do mundo e do pecado como oposto a Cristo. Para São João, o mundo é, antes de tudo, objeto do amor de Deus (Jo 3,16; 1Jo 4,9; Jo 1,9), mas o mundo não conheceu a manifestação desse amor (Jo 1,10). Seu pecado é ter recusado o Filho, que manifesta o amor do Pai, e seguir o "Príncipe deste mundo". Daí o juízo que recai sobre o mundo, porque não recebeu o Filho e o odeia (Jo 12,31; 15,18s; 16,8-11; 'Jo 2,16; 5,19). Pelo contrário, o que segue Jesus não incorre em juízo e encontra a vida: "O mundo e suas concupiscências passam, mas quem cumpre a vontade de Deus permanece para sempre" (1Jo 2,17). Por isso, Jesus é apresentado como o "Cordeiro de Deus que tira o pecado do mundo" (Jo 1,29). Tira porque carrega sobre si o pecado, porque o assume e, sendo inocente, paga como se fosse culpado. E tira o pecado, não os pecados, ou seja, os atos; tira a fonte unitária desses atos. O pecado (no singular) é negar-se a reconhecer Cristo como o enviado de Deus (Jo 15,22.24), aquele que veio revelar-nos a vontade de Deus sobre o homem. Esta ignorância sobre Deus e seu enviado é a tradução cristológica do não discernimento entre o bem e o mal (Gn 3,3-5), consequência do domínio de Satanás sobre o mundo (Jo 8,34). Jesus Cristo tira o pecado tornando conhecido o Pai.

Estreitamente relacionada com a obra de Cristo, que tira o pecado do mundo, está a obra do Espírito, a saber, "convencer o mundo no referente ao pecado, no referente à justiça e no referente ao juízo" (Jo 16,8). O Espírito nos dá a conhecer o pecado que, como já sabemos, é não crer em Jesus (Jo 16,9). Este conhecimento é condição para o arrependimento e para a acolhida da misericórdia. O Espírito também convence no que se refere à justiça, ou seja, ao justo, ao reto: Jesus, ao contrário do que opinava o mundo, tinha razão, e a prova está em que foi acolhido pelo Pai (Jo 16,10). E o Espírito convence no que se refere ao juízo porque, enquanto o mundo julgava Jesus como um impostor e o rechaçava, quem na realidade era julgado e perdia seu domínio sobre o mundo era o Príncipe deste mundo (Jo 16,11). O Espírito, que ajuda os homens a conhecer a verdade do pecado, por sua vez faz que conheçam a verdade daquela justiça que entrou na história do homem com Jesus Cristo, e deste modo são conduzidos fora do âmbito do juízo, daquele juízo mediante o qual o Príncipe deste mundo está julgado.[58]

Em um próximo capítulo, em nossas reflexões teológicas sobre o pecado original, retomaremos este tema do pecado do mundo, que pode servir não só para complementar a doutrina do pecado original, mas sim para entendê-la melhor. Agora, deixamos assim este capítulo, no qual fizemos uma leitura teológica dos textos bíblicos que estão na base da doutrina do pecado original. Cumprimos assim a sábia indicação de que a Escritura é a alma de toda teologia.[59]

---

58. João Paulo II, *Dominum et vivificantem*, 48.
59. *Dei Verbum*, 24.

# 6. O primeiro homem e aquele que havia de vir

Na leitura teológica dos textos bíblicos que realizamos no capítulo anterior, apareceu a contraposição entre Adão e Cristo, e, também, entre a obra de Satanás e a obra de Cristo. Neste capítulo, vamos refletir sobre a primeira destas contraposições. Esta reflexão é importante em face de uma teologia do pecado original, pois o mistério do homem não se esclarece à luz de Adão, mas à luz do mistério do Verbo encarnado. E o pecado não se compreende fixando-se apenas em Adão, mas, sobretudo, olhando para Cristo, o homem sem pecado. Na realidade, "Adão, o primeiro homem, era figura daquele que havia de vir, Cristo, nosso Senhor".[1] Isto de que Adão é figura daquele que havia de vir está afirmado em Rm 5,14. Aqui, a palavra "figura" (tradução do grego τυπος = "tipo", "forma", "esboço") tem o sentido de "semelhante, porém imperfeito". Teremos de partir do perfeito (Cristo) para compreender o imperfeito, ou seja, Adão e, por extensão, todo ser humano.

Na Carta aos Romanos e na Primeira Carta aos Coríntios encontramos a contraposição entre Adão e Cristo, o novo e definitivo Adão. De Rm 5,12-21, tratamos no capítulo anterior deste nosso livro: por causa da desobediência de Adão aparece a morte e seu triste cortejo; graças à obediência de Cristo, aparece a vida. Outro lugar que contrapõe a obra de Adão e a de Cristo é 1Cor 15,21-22.45-49. Em 1Cor 15 (o mes-

---

1. *Gaudium et spes*, 22.

mo que acontecia em Rm 5) aparece uma diferença qualitativa a favor de Cristo, o último Adão, o Adão definitivo, o homem perfeito: por Adão vem a morte, por Cristo vem a ressurreição. O primeiro homem, Adão, vem da terra; o segundo vem do céu. E também aí aparece a possibilidade de incorporar-nos à obra de um ou de outro: do mesmo modo que levamos a imagem do homem terrestre podemos levar também a imagem do celeste.

Dada esta possibilidade de incorporarmos Adão ou Cristo, visto que Cristo é "o homem perfeito, que restituiu aos filhos de Adão a semelhança divina, deformada desde o primeiro pecado",[2] deter-nos-emos agora nesta obra vivificadora de Cristo, comparando-a com a obra de Adão, assim como na tentação de Adão e Cristo, pois tais tentações são paradigmas de toda tentação, com uma diferença essencial: Adão é paradigma de uma tentação vencedora, e Cristo o é de uma tentação vencida. A tentação é consubstancial à condição humana: cair ou não nela é uma possibilidade da nossa liberdade. Jesus é aquele que realiza o que Adão, o primeiro homem, estava chamado a realizar, mas foi incapaz de fazê-lo. Em um e em outro, encontramos as duas possíveis maneiras de situar-nos diante de Deus.

**Tentação de Adão e tentação de Jesus**

A tentação, a insegurança e a dúvida são consubstanciais à condição humana. Todo ser humano está chamado a decidir livremente o que quer fazer de sua vida. Daí a necessidade de escolher, de deixar um caminho para seguir outro. A instigação e o estímulo para um ou outro caminho que implica a tentação, não têm, em primeira instância, de ser necessariamente maus (ver o que ficou dito em 4.2.2 e 4.2.3). Neste sentido, a passagem pela tentação é condição de amadurecimento.

---

2. *Idem.*

Jesus também teve de assumir livremente seu ser e sua missão. Assumir seu ser, visto que cada um deve fazer-se o que é (recorde-se o que foi dito em 4.2.2). Ser homem é tornar-se homem. Também no caso de Jesus. E isso até o ponto de que surpreendentemente Rm 1,4 diz dele que "foi constituído Filho de Deus". Constituído? Acaso não o era desde o primeiro momento da sua concepção? Claro que o era, mas Jesus teve de assumir o que era, sua filiação, dentro de uma história humana. Se o Verbo se fez realmente homem não somente tem uma verdadeira natureza humana; também assume uma história humana, percorrendo um caminho humano, nas condições de seu tempo e de sua cultura, para realizar o que é. Assim compreende-se melhor que sua missão exigia superar as grandes tentações que conduziram e conduzem ainda a humanidade para longe de Deus, para abrir, desta maneira, um caminho de salvação. "Tendo passado ele a prova do sofrimento, pode ajudar os que a estão passando" (Hb 2,18), "pois não temos um sumo sacerdote que não possa compadecer-se de nossas fraquezas, visto que em tudo foi provado como nós", embora ele, nesta provação, não tenha pecado (Hb 4,15). Jesus percorre a história desde seus começos, desde Adão, e passa pela mesma situação que ele, e pela qual também passa todo ser humano, a fim de poder transformar essa história respondendo à tentação de maneira diferente de Adão.

Em seu breve relato das tentações de Jesus, o evangelista Marcos põe em realce o paralelismo com Adão: Jesus, conduzido pelo Espírito, permaneceu no deserto, estava entre as feras e os anjos o serviam (Mc 1,12-13). O deserto é o lugar ideal do conhecimento de Deus (cf. Os 2,16: "Falar-lhe-ei ao coração"; Os 13,5: "Eu te conheci no deserto"). Jesus volta para um lugar como aquele em que habitava Adão, "no qual Deus passeava" (Gn 3,8). Nesse deserto, os animais selvagens não são uma ameaça e se mostram amigos do homem, como no paraíso (cf. Is 11,6). Nesse lugar de harmonia com Deus a serpente aparece (Gn 3,1), Satanás (Mc 1,13), o tentador.

*O cerne da tentação: como ser como Deus?*

Tanto a tentação de Adão como a de Jesus recapitulam-se na grande questão que todo ser humano deve enfrentar: como situar-se diante de Deus. Deus é o mais importante e urgente de minha vida ou posso prescindir dele para ocupar-me de outros bens muito sedutores como o pão, o poder, a vaidade do espetacular? Posso organizar minha vida e a do mundo sem Deus, prescindindo desta realidade "espiritual", invisível e, às vezes, desconcertante, que parece opor-se à minha vontade de poder, de felicidade, de autossuficiência? A tentação não nos convida diretamente ao mal; busca orientar-nos para o "verdadeiramente real", a riqueza, o sucesso e o poder. Em comparação com isso, Deus parece um assunto secundário, quando não irreal. E, não obstante, o ser com ou sem Deus é a pergunta fundamental que todo ser humano deve propor-se. Uma pergunta de vida ou morte, de salvação ou perdição.

O tentador é hábil. Não comete a grosseria de convidar diretamente a fazer o mal, porque então teria perdido a partida sem necessidade de jogá-la. Sua habilidade está em servir-se de coisas boas para procurar a morte (cf. Rm 7,13). Tanto no caso de Adão como no de Jesus, o tentador apela para o máximo bem, para o próprio Deus. "Enquanto comeis da árvore do bem e do mal abrir-se-ão vossos olhos e sereis como Deus, conhecedores do bem e do mal" (Gn 3,5). A finalidade que a serpente apresenta ao primeiro casal é boa: ser como Deus. Mas, para isso, propõe um caminho equivocado: conhecer o bem, mas também "o mal". Não basta saber claramente qual é a tarefa da vida; precisam-se também discernir os meios para levá-la à realização corretamente. E, em questão de meios, as possibilidades são múltiplas. Todos queremos e buscamos a felicidade e o bem (neste sentido, todos buscamos Deus[3]); ao

---

3. Tomás de Aquino afirma que *sub communi rationi beatitudinis* (atualmente diríamos "inconscientemente") todo homem busca a Deus, pois todos queremos necessariamente a felicidade (*Suma de teología* I-II, 5, 8).

menos o que é bom para mim. Aí aparece a tentação, o dilema, é diante da pergunta sobre os caminhos, os meios concretos para chegar ao bem. Pode-se chegar ao bem por meio do mal? Aí começa a responsabilidade do homem.

Para ser como Deus, o tentador propôs a Adão um meio inadequado, uma grande mentira: "conhecer o bem e o mal". O erro maiúsculo, a mentira está em que Deus não conhece "tudo"; só conhece "o bem". Deus quer necessariamente a bondade, diz Tomás de Aquino.[4] O ser humano, criado à imagem de Deus e chamado a ser como Deus, obscureceu essa imagem e errou o caminho para ser como Deus enquanto, por própria experiência, conheceu o mal. O mal sempre consiste em afastar-se de Deus, em pretender algo impossível, como é esconder-se de sua presença: "Ouviram os passos de Javé Deus que passeava pelo jardim, e o homem e a mulher se ocultaram da vista de Javé Deus" (Gn 3,8), "pois todo aquele que pratica o mal aborrece a luz e não vai para a luz, para que suas obras não sejam censuradas" (Jo 3,20). O homem se esconde, ao contrário de Deus que, apesar de tudo, sempre vai à busca do ser humano. Porque Deus, mesmo sendo-lhe infiel o ser humano, permanece fiel ao seu amor, "porque não pode negar-se a si mesmo" (2Tm 2,13).

Também diante de Jesus se apresentou o tentador com uma boa finalidade, mas indicando um mau caminho: "Se és o Filho de Deus, manda que estas pedras se transformem em pães" (Mt 4,3). O diabo não quer que Jesus se afaste do seu fim ("se és o Filho de Deus"); o que ele pretende é que esse fim se consiga com meios que, à primeira vista, pareçam muito eficazes, mas que na realidade não se ajustam ao modo de ser de Deus. O caminho do poder, da força e do prestígio que o tentador propõe é incoerente com a atitude filial. Jesus, que

---

4. *Suma de teología*, I, 19, 3; 19, 10.

tem a experiência da verdadeira filiação, quer que a vontade de Deus se cumpra segundo o modo de ser de Deus. É o caminho das bem-aventuranças: para ser Filho de Deus, os meios são a pobreza, a busca da paz, a mansidão: em definitivo, a busca da vontade amorosa de Deus, do Reino de Deus e sua justiça. Esse caminho, e aí se mostra a habilidade do tentador, não é eficaz; na realidade, conduz à cruz. Por isso, na cruz, o tentador faz uma última tentativa: "Se és o Filho de Deus, salva a ti mesmo e desce da cruz!" (Mt 27,40). O que está em jogo na tentação de Jesus é a compreensão da verdadeira filiação, também a compreensão do que significa confiar em Deus.

*Porém, como Deus pode ser assim?*

A falta de pão e as cruzes que pesam sobre a humanidade são dois grandes desafios que parecem pôr em discussão a fé em Deus. Como crer em um Deus que não se compadece do homem e do sofrimento de seus filhos, que é insensível à petição de transformar em pão as pedras? Parece que, para solucionar os grandes problemas da humanidade, é melhor apoiar-se na técnica, na política, na economia, no conhecimento e no poder humano. A tentação "original" e permanente é deixar Deus de lado para solucionar nós mesmos, com nossas forças e nossa inteligência, os males que nos espreitam. A tentação de Adão, e a de Jesus, é a tentação de Israel, da Igreja e de todo ser humano. E, não obstante, não se deve esquecer que Deus e seu Messias não estão contra o pão. Ao contrário, a fé em Deus é a exigência maior da fraternidade. De fato, o negar Deus, mais que conduzir a um progresso solidário, conduziu a um progresso egoísta, um progresso no qual poucos sobem, à custa do naufrágio de muitos. Se o coração humano não é bom, nada poderá sê-lo. E a bondade do coração humano só pode provir da própria bondade de Deus.

À tentação do pão, Jesus responde com um texto do Deuteronômio, cujo contexto é, precisamente, a recordação de que Javé alimentou seu povo no deserto: "Não só de pão vive o homem, mas de toda palavra que procede da boca de Deus" (Mt 4,4). "Não só de pão vive o homem": logo, também vive de pão. "Mas de toda palavra que procede da boca de Deus": mas só o pão não salva, não soluciona os verdadeiros problemas, a fome de companhia, de amor, de paz, de reconciliação, de perdão, de justiça, de bem, de felicidade, a fome de Deus. Com dinheiro, pode-se comprar tudo, menos o verdadeiramente valioso. Porque o valioso, como a vida, a alegria, o perdão e o amor não têm preço: é gratuito.

Para compreender bem a resposta de Jesus ao tentador e também a relação entre pão e a Palavra de Deus, é bom iluminá-la com a cena da multiplicação dos pães, que, embora seja só pelo número de versões – seis – da mesma que encontramos nos quatro Evangelhos (Mc 6,30-44; Mc 8,1-9; Mt 14,13-21; Mt 15,32-39; Lc 9,10-17; Jo 6,1-15), representa um aspecto importante do modo de Jesus atuar e pensar. O povo acorreu a escutar a Palavra de Jesus e largou tudo para concentrar-se na única coisa importante. Neste contexto, Jesus "se compadece" da multidão (Mt 14,14; 15,32; Mc 6,34; 8,2) e insiste com os discípulos a lhes dar o de comer: "Dai-lhes vós de comer" (Mt 14,16; Mc 6,37; Lc 9,13). Todo discípulo de Jesus é a mão de Deus, sua extensão, para os necessitados. Depois, Jesus multiplica o pão, porque existem contextos que favorecem a repartição. E, finalmente, esta multiplicação do pão, com a qual todos ficaram saciados, até o ponto de ter restado sobras, é o símbolo, o prelúdio e o pressuposto de outro pão, o pão da eucaristia que desce do céu para que quem dele coma não morra (Jo 6,50).

Jesus não é indiferente às necessidades materiais, mas as situa em seu justo contexto. Isto significa duas coisas: uma, que dentro da comunidade cristã e de sua área de influência, ninguém pode passar necessidade. Se existem necessidades é porque a comunidade não realiza seu ser nem sua missão. E, segunda, a comunidade cristã está chamada a orientar para o autêntico bem do ser humano, que é Deus, pois, uma vez solucionado o problema da fome, não solucionamos o problema do homem, faminto do verdadeiro pão, mesmo que não o saiba: a Palavra e o amor de Deus. Fora deste contexto, os bens deste mundo podem transformar-se em instrumentos de pecado. Não podemos escapar desta dupla dimensão: Deus e a fraternidade humana. Quando em nome de Deus esquece-se a fraternidade, ou quando em nome do serviço aos homens nos esquecemos de Deus, não estamos diante de uma boa compreensão da Palavra de Deus. E a tentação pode vencer-nos.

## A tentação pode ser vencida

Temos de largar aqui estes esclarecimentos, para voltar à comparação entre os resultados da tentação de Adão e a de Jesus. Enquanto Adão mostra-se vencido em seu combate com a serpente, Jesus apresenta-se vencedor em seu combate com Satanás. Jesus converte-se assim no homem que Deus sempre quis, porque escolhe o caminho que Deus quer. E o escolhe superando a tentação, isto é, nas condições de nossa finitude, percorrendo um caminho plenamente humano. "Do Egito chamei meu filho". Por trás desta Palavra do profeta, citada por Mt 2,15, não poderia ocultar-se uma profunda verdade teológica? Cristo percorre o mesmo caminho que o povo de Deus, peregrinando pelo deserto para alcançar a terra prometida e sendo submetido às mesmas tentações e perigos. Mas, ao contrário do primeiro Adão, Jesus escolhe o caminho adequado, aquele que Adão tinha que escolher, e, assim, "abre o caminho com cujo seguimento a vida e a morte se santificam e adquirem novo sentido".[5] Santificam-se: colocam-se à altura de Deus. Adquirem novo sentido: já é possível viver sem medo

---

5. *Gaudium et spes*, 22.

da vida nem medo da morte. Jesus, por meio de seu corpo, de sua vida toda inteira, inaugurou para nós um caminho novo e vivo (Hb 10,20).

Com acerto se escreveu: "Em sua luta contra Satanás, Jesus venceu; diante da divinização fraudulenta do poder e do bem-estar, diante da promessa mentirosa de um futuro que por meio do poder e da economia garante tudo a todos, ele contrapõe a natureza divina de Deus. Deus como autêntico bem do homem. Diante do convite a adorar o poder, o Senhor pronuncia palavras do Deuteronômio, o mesmo livro que também o diabo havia citado: "Ao Senhor teu Deus adorarás e só a ele prestarás culto" (Mt 4,10; cf. Dt 6,13). O preceito fundamental para Israel é também o principal preceito para os cristãos: adorar só a Deus. Este "sim" incondicional à primeira tábua do decálogo encerra também o "sim" à segunda tábua: o respeito ao homem, o amor ao próximo".[6]

A Palavra de Deus é o que permite sair vencedor e superar toda tentação. Isto nos conduz a outro aspecto importante da comparação entre Adão e Jesus: a obediência da fé.

### Desobediência de Adão e obediência de Jesus

O primeiro contraponto a Adão, que aparece na Sagrada Escritura, é Abraão. Se com Adão começa uma história de não fé, e com Jesus alcança seu cume uma história de fé, este Jesus foi precedido por outras figuras que o anunciaram e que iniciaram antes dele a história da fé. Abraão é o primeiro "homem novo", o modelo da fé do qual fala a Escritura.

Israel tinha diante de si não só a possibilidade de uma resposta negativa à Palavra de Deus, mas também a possibilidade de uma resposta positiva. Abraão é apresentado como

---

6. Joseph Ratzinger – Bento XVI, *Jesús de Nazaret. Desde el bautismo a la Transfiguración*. La Esfera de los Libros, Madri 2007, 70-71.

modelo do modo adequado de viver perante Deus. Com ele inaugura-se a história da salvação, a história da fé: "Abraão acreditou em Deus, o qual o reputou por justiça" (Gn 15,6). Nessa história, apesar de seu passado, os israelitas descobrem um raio de esperança: à maldição que supõe a não fé de Adão (Gn 3,17) contrapõe-se a bênção inerente à fé de Abraão (Gn 12,1-3) extensível a todos os que tomarem posição a favor de tal bênção (pois, como já dissemos, existe solidariedade no bem).

Contudo, Abraão não é mais que uma antecipação da fé de Jesus, o verdadeiro consumador, aquele que leva à plenitude a fé (Hb 12,2), fazendo de sua vida uma obediência à vontade do Pai e confiando sempre em Deus, inclusive nos momentos obscuros do sacrifício e da morte. O Novo Testamento, sobretudo a Carta aos Hebreus, refere-se à fé de Jesus.[7] Esta fé deve ser entendida em chave de fidelidade. Jesus é fiel a Deus, ao qual chama de Pai; tem nele confiança incondicional, coloca-se em suas mãos inclusive no Getsêmani e na cruz, convencido de que em suas mãos está seguro, apesar das aparências em contrário. A fé de cada um dos cristãos está ligada a esta fé de Jesus. Não esqueçamos que todo cristão está chamado a transformar-se em Cristo. Podemos afirmar, portanto, que todo cristão participa vital e ativamente na mesma fé de Jesus, em sua confiança incondicional em Deus. E que Jesus cunha e imprime em nós sua mesma fé vivida ao incorporar-nos a ele como nossa cabeça. Ao imprimir em nós sua própria atitude, sua própria imagem, Jesus faz-nos filhos de Deus e se torna o primogênito entre muitos irmãos (Rm 8,29).

---

7. Para ampliar dados sobre a fé de Abraão e sobre a fé de Jesus, remeto ao que escrevi em outros lugares; sobretudo *Para encontrar a Dios. Vida teologal*. San Esteban-Edibesa, Salamanca, Madrid 2002, 66-69, 112-113; e *Creer. Solo en Dios*. San Pablo, Madri 2007, 14-18, 23-26. Sobre a fé de Jesus parece-me de interesse o trabalho de Manuel Gesteira, "La fe-fidelidad de Jesús, clave central de la cristología", em Gabino Uribarri (ed.), *Fundamentos de teología sistemática*. Universidad Pontifícia de Comillas, Madri 2003, 93-135.

A fé implica obediência. No capítulo 5 da Carta aos Romanos contrapõe-se a desobediência de Adão à obediência de Jesus. Ao ler desde a obediência às atitudes vitais de Adão e de Jesus (Rm 5,19), claro fica que um e outro viviam da fé. Porque na evidência não existe obediência. A evidência impõe-se por si mesma. Como já indicamos, nas condições deste mundo, é impossível ver Deus, e só pela fé podemos alcançá-lo. Desta maneira, fé não é somente crer no que não vemos; é também o meio para alcançar o real. Ao homem moderno torna-se difícil compreender que existem maneiras de alcançar a realidade que não são as experimentáveis. Mas Deus, neste mundo, é um Deus escondido (Is 45,15). Ainda assim, não é inútil procurá-lo. Mas encontrá-lo e conhecê-lo só é possível pela fé.

Se Adão, como manifesta sua desobediência, quer viver emancipado de Deus, Jesus mostra um viver filial, que não conota nenhuma dependência opressora, mas que brota de uma relação de amor que dá sentido à existência. Uma das palavras que o quarto Evangelho coloca nos lábios de Jesus reflete perfeitamente esta relação filial: "Meu alimento é fazer a vontade daquele que me enviou e levar à realização sua obra" (Jo 4,34). Segundo Bento XVI, "isto significa: a união com a vontade do Pai é a fonte de sua vida. A unidade da vontade com o Pai está no coração mesmo do seu ser".[8] Em Jesus encontramos realizado aquilo mesmo a que foi convidado o primeiro Adão, aquilo a que todos somos convidados, a pedir, como nos ensina Jesus: "seja feita a vossa vontade". Se Jesus nos convida a orar assim cada dia é porque, mediante nossos meios, não podemos cumprir perfeitamente essa vontade. Necessitamos para isso apoiar-nos em Deus, pois a força de gravidade de nossa vontade nos afasta sem cessar da vontade de Deus. Mas Deus nos atrai para ele e, unindo-nos a ele, podemos cumprir

---

8. *Op. cit.*, nota 6, 184. Eu me permiti modificar ligeiramente a tradução castelhana.

sua vontade. Por este motivo, orando tal como Jesus nos ensinou ("seja feita a vossa vontade") aproximamo-nos cada vez mais de Deus para que sua vontade prevaleça perante a força de gravidade do nosso egoísmo.[9]

A origem permanente de todo bem e de todo mal é a obediência ou a desobediência a Deus. Nelas, está a permanente bênção original e o permanente pecado original. Na obediência, o ser humano aparece como um vencedor. Na desobediência, apesar da aparência de força própria que traz, o ser humano acaba sendo um vencido. Hoje e sempre, pela desobediência ou obediência à vontade de Deus, cada um de nós pode aderir e tomar partido pelo "primeiro Adão" ou pelo "último Adão": o primeiro, terrestre; o segundo, celestial, podendo assim levar a imagem do homem terrestre ou a imagem do homem celeste (1Cor 15,45-49). Deste modo, a doutrina do pecado original, iluminada desde a cristologia, nos abre para a esperança.

---

9. Cf. *op. cit.*, nota 6, 185-186.

# 7. Teologia do pecado original: originante e originado

Buscamos neste capítulo uma compreensão teológica do pecado original. De sua essência e de suas consequências. Damos por suposto tudo o que foi dito nos capítulos anteriores. O que tratamos é o fundamento, a base, os pressupostos e antecedentes que vão nos permitir agora esta reflexão teológica.

## O primeiro pecado, protótipo de todo pecado

Começamos a reflexão com o pecado original originante, o primeiro pecado, o dos primeiros humanos. Esse pecado é o cerne, a essência de todo pecado.

*Onde está a gravidade do pecado das origens?*

Para dar-nos conta do interesse e da importância da doutrina do pecado original parece-me bom recordar que Juliano de Eclano já criticava Santo Agostinho por ter dito: "Aquele pecado que deteriorou o homem no paraíso foi o mais grave de quanto imaginar podemos e o traz todo homem ao nascer". O bispo Juliano recordava uma lista execrável de pecados antigos e modernos, começando pelo assassinato de Abel, e se perguntava como podia ser tão grave o pecado de "Adão, homem rude, ignorante, sem experiência, sem ter o sentimento do temor nem a noção da justiça". "Cometeu uma prevaricação –

dizia Juliano – uma das de tantas como se cometeram em todos os tempos"[1].

Não convém esquecer que a gravidade do pecado das origens não está na espetacularidade do delito, e sim na ruptura com Deus. Esta é a causa última de todo pecado, a raiz de todos os outros pecados e o que os inclui a todos: "Incitando-a a desobedecer a Palavra e a vontade de Deus, Satã estimulou Eva a todo pecado possível", dizia Lutero.[2] Nesse sentido, a teologia do pecado original ajuda a responder a uma das perguntas mais fundamentais da pessoa: por que parece que o mal reina no mundo? Não porque sejamos limitados ou falíveis, não por nossa herança genética, não porque exista um duplo princípio do bem e do mal (como queriam os maniqueus e os cátaros), não por vontade de Deus, mas pelas repercussões interiores da prévia rejeição de Deus por parte do ser humano quando são livremente atualizadas por cada um de nós.

## O dilema – Deus: amigo ou adversário?

Dissemos e repetimos nos capítulos anteriores que a chave deste primeiro pecado esteve na ruptura do homem com Deus, na incredulidade, na desobediência à Palavra. Parece agora importante esclarecer a qualidade da obediência que se pedia do ser humano e, de passagem, a imagem de um Deus que pede obediência. Não se trata, como às vezes se interpreta, de um Deus arbitrário. Javier Echevarría começa seu extenso livro sobre "a ciência do bem e do mal" referindo-se ao relato de Gn 3. Segundo Echevarría, a chave de toda relação com Deus, "o mandamento zero", "a clara e incisiva lei do

---

1. Texto de Juliano de Eclano em Santo Agostinho, *Réplica a Juliano* (obra inacabada), livro 6, 23.
2. Martinho Lutero, *Oeuvres*, tomo XVII. Labor et Fides, Genebra 1975, 137; cf. página 146: "A tentação de Eva é o modelo de todas as tentações pelas quais Satã atenta contra a Palavra e a fé"; página 149: "Satanás atenta contra a força suprema do homem: a fé na Palavra".

Éden": não tocarás na árvore da ciência do bem e do mal, não é outra senão esta: "Obedecerás a Deus sobre todas as coisas". E Echevarría interpreta: "O Deus do Gênesis não queria amor, mas acatamento às suas ordens. Para ele, a indisciplina e a transgressão são os maiores pecados". Todavia, Eva, a primeira filósofa, sentiu o desejo de saber e transgrediu os limites que Deus havia posto. Assim, começou a passagem da animalidade para a humanidade: "Não há vida humana sem o desejo de saber". Porém, também começaram os males: "Eva preferiu o conhecimento à submissão", e com o conhecimento fica uma pessoa condenada a conhecer o bem e o mal. "A serpente astuciosa não mentiu". E com a verdade da serpente, "Deus enfureceu-se pelo desacato e, no oitavo dia, criou o mal".[3]

A interpretação de Javier Echevarría é sugestiva, mas inaceitável para o teólogo. É possível fazer outra leitura do mandamento divino, mais de acordo com "o conteúdo e a unidade de toda a Escritura, a Tradição viva de toda a Igreja e a analogia da fé".[4] Para isso, é importante captar bem o sentido da Palavra divina dirigida ao ser humano: "De qualquer árvore do jardim podes comer, mas da árvore da ciência do bem e do mal não comerás, porque no dia que comeres dela, irremediavelmente morrerás" (Gn 2,16-17). Existem aqui uma ordem positiva e outra negativa. Podes comer de todas as árvores, gozar dos bens que Deus te deu, mas existe um limite a este gozo, uma misteriosa árvore da qual não se pode comer, porque no dia em que o ser humano dela comer morrerá. A vida apresenta limites: ultrapassá-los não conduz a mais vida, e sim à morte. O alimento é bom, mas abusar do alimento pode ser mortal.

A proibição pode entender-se como o conselho de um amigo que adverte contra um perigo: não abuses da vida, do alimento, da bebida, da sexualidade, do poder e do dinheiro.

---

3. Javier Echevarría, *Ciencia del bien y el mal*. Herder, Barcelona 2007, 11-14.
4. *Dei Verbum*, 12.

Mas como o ser humano sobre a terra (e, portanto, no paraíso "terreal") vive da fé, é possível entender mal tal conselho. E aí é que se apresenta a astúcia da serpente, manipulando a Palavra de Deus, buscando que a mulher entenda o conselho como uma ameaça de castigo proferida por um Deus distante e caprichoso, como um legislador que procura frustrar os desejos humanos colocando limites ao prazer. A serpente se aproveita de que neste mundo Deus é um "Deus escondido" (Is 45,15), um Deus que "não se pode ver" (Ex 33,20) e, portanto, aproveita-se da fé a qual está convidado o ser humano,[5] da "boa-fé", insinuando uma possível cautela, uma intenção má no mandamento divino: "Deus sabe muito bem que no dia em que comerdes da árvore, se vos abrirão os olhos e sereis como deuses, conhecedores do bem e do mal" (Gn 3,5). Deus, em vez de ser apresentado como um amigo que quer o bem dos seres humanos, é apresentado como um adversário. A serpente se apresenta como aliada do ser humano, fala como se soubesse os verdadeiros planos de Deus. Eva é convidada a acreditar em Deus ou na serpente. Chegamos assim ao ponto crucial de todo possível pecado: em quem vou confiar, nas aparências ou em um Deus invisível; em meus desejos ou nas advertências divinas não comprovadas; em minha razão egoísta ou na Palavra de Deus?

Em resumo, supondo que exista, e à vista de tudo o que se enxerga, bom e mau, à vista de tudo o que o homem pode conseguir, Deus é um amigo do ser humano, ou alguém que só quer ser obedecido? Ou talvez seja um Deus que abandonou o homem à sua sorte? É um Deus em que se pode confiar? Se não confio em Deus rompo com ele e permaneço sozinho, com minha razão e minhas forças.

---

5. Recorde-se o que dissemos em um capítulo anterior (n. 4.4): o ser humano no paraíso, o ser humano nas condições deste mundo, sempre vive da fé. Sem este pressuposto não existe maneira de entender o pecado original nem pecado algum.

*O homem, abandonado a suas próprias forças*

Os padres da Igreja viram em uma figura do Novo Testamento a imagem de Adão por excelência: no filho pródigo, desligado de sua origem, de sua existência, do que lhe dá a vida, afastado do pai bom e generoso. Esse filho mais novo "foi para um país distante" (Lc 15,13). Os padres da Igreja interpretaram-no como um afastamento interior do mundo de Deus, como a ruptura íntima da relação com Deus, como uma ida para longe do verdadeiramente essencial. Bento XVI reconhece nesta atitude o espírito de nossa época, um espírito de rebelião contra Deus. Buscando a arbitrariedade absoluta de sua própria vontade, o homem vive na mentira, pois foi criado para a reciprocidade e para compartilhar a vida com outros. Uma falsa autonomia conduz à escravidão: no caso do filho pródigo transforma-o em guarda de porcos, expressão da alienação mais extrema. O homem totalmente livre acaba por se transformar em um escravo que desperta dó. Pois bem, se esse homem "cai em si mesmo" (Lc 15,17), reconhece sua própria alienação, compreende que no "estrangeiro" tornou-se um estranho para si mesmo, então pode retornar para si mesmo, para a verdadeira liberdade dos filhos, voltar para a verdade de sua existência, para a casa do pai que é a "sua casa".[6]

Longe de Deus, o homem perde a si mesmo, perde seu "eu", sua realidade essencial. Rompendo com Deus, o homem encontra-se sozinho consigo mesmo, entregue ao arbítrio de sua natureza. Escreveu Tomás de Aquino: "Principalmente, a pena do pecado original consiste em que a natureza humana seja deixada a si mesma, desprovida da ajuda da justiça original, de onde provêm todas as penalidades que acontecem aos homens por falha da natureza".[7] Como diz a liturgia, "sem

---

6. Joseph Ratzinger – Bento XVI, *Jesús de Nazaret*. La Esfera de los Libros, Madri 2007, 245-246.
7. *Suma de teología*, I-II, 87, 7.

*121*

a ajuda do Senhor, não pode suster-se o que se fundamenta na fraqueza humana".[8] O ser humano entregue a si mesmo e a sua razão pode fazer muitas coisas, mas uma razão sem Deus corre o risco de organizar o mundo contra o homem. Não só em Auschwitz, mas também nos processos econômicos e políticos atuais. A razão sozinha não anda bem orientada.

Deus é a verdadeira razão do ser humano. Sua presença como *Logos*, como a palavra que expressa a vontade de Deus sobre o mundo, oferece sentido, ordem e harmonia ao universo. Ao acolher essa Palavra, que manifesta todo o plano divino sobre toda a vocação do homem, tudo fica iluminado com nova luz, uma luz que "orienta a mente para soluções plenamente humanas".[9] Quando o homem perde Deus, quando recusa sua Palavra, e isto é o que ocorreu desde o início da humanidade com o primeiro pecado, o homem se perde a si mesmo e se transforma em um produto fortuito da evolução. Sem Deus, razão criadora e eterna, a racionalidade do mundo não é mais que mera aparência. A única coisa que então se apresenta são as forças do azar. A teoria do caos irrompe como explicação do mundo, colocando o ser humano diante de uma escuridão que não pode dissipar e que assinala os limites da racionalidade do mundano.[10]

## O pecado transmitido: da ruptura à ausência de Deus

A experiência nos afirma que é mais fácil educar mal do que educar bem, que o mal se transmite mais facilmente que o

---

8. Oração da terça-feira da segunda semana da Quaresma.
9. *Gaudium et spes*, 11. Na revelação, encontramos um tipo de proceder que, embora não nasça da carne e do sangue, enobrece a carne e o sangue. A revelação abre perspectivas novas, inéditas, à razão, perspectivas que a dignificam e a enaltecem, como o perdão e o amor aos inimigos. Pode ser que a justiça seja mais racional que o perdão e o ódio mais racional que o amor, segundo uma razão reivindicadora, mas acaso são mais dignos? A fé cristã tem sua sabedoria própria, digna e dignificadora do ser humano. Sobre isso, cf. Martín Gelabert, *Creer. Sólo en Dios*. San Pablo, Madri 2007, 97-103.
10. Cf. *op. cit.*, nota 6, 203 e 212.

bem. O mal sempre avança mais rapidamente que o bem, sua estrada é mais larga e mais curta. Já o afirmava Jesus: "Larga é a entrada e espaçoso o caminho que leva à perdição, e muitos são os que entram por ela; mas quão estreito e apertado é o caminho que conduz à vida"; poucos são os que o encontram" (Mt 7,13-14).

O mal (também o bem) sempre tem consequências. E costumam ser más. O primeiro pecado também teve consequências. Isso é facilmente compreensível. Porém, acontece que o dogma eclesial não só afirma que todos os nascidos sofremos as consequências pecaminosas do pecado dos primeiros humanos: diz algo mais sério e mais difícil de compreender, isto é: que o pecado de Adão transforma seus descendentes em pecadores. Em pecadores pelo simples fato de serem humanos, pelo mero fato de nascer. Segundo o Concílio de Trento, ao perder "a santidade e a justiça recebida de Deus", Adão não só "a perdeu para si mesmo, mas também para nós", e "manchado pelo pecado de desobediência, transmitiu a todo o gênero humano o pecado".[11] Torna-se problemático afirmar que, independentemente de nossa liberdade pessoal, cada um de nós nasce em uma situação de pecado pessoal. Resulta, inclusive, contraditório afirmar uma culpa pessoal sem culpa pessoal. De fato, o *Catecismo da Igreja Católica* (nº 405) trata de afirmar que "o pecado original não tem, em nenhum descendente de Adão, um caráter de falta pessoal", embora continue afirmando, seguindo o Concílio de Trento, que esse pecado é "próprio de cada um". Convém, portanto, esclarecer o alcance da afirmação dogmática-eclesial sobre o pecado original e encontrar uma explicação para o homem de hoje que, fazendo justiça ao dogma e aos dados da Escritura, resulte significativa e o ajude a compreender melhor a fé.

---

11. DH 1.512. Não se trata, pois, de repercussões do pecado, e sim de transmissão do mesmo pecado.

*Compreensão analógica do pecado original (originado)*

Em um capítulo anterior, analisamos o fundamento bíblico do pecado original, ou seja, Rm 5,12. Dissemos então (5.4.1 e 5.4.3) que na interpretação desse versículo aparecia uma interação não esclarecida entre dois fatores: o pecado que entrou no mundo por um homem e o de que todos os homens pecam (*hamartía-hémarton*). São Paulo não esclarece como interagem esses dois fatores (o destino prévio e a ação pessoal culpável) nem o que acontece no caso limite de que ocorra um só dos fatores (como é o caso das crianças).

De qualquer forma, se a esta participação no poder do pecado, prévia à nossa ratificação pessoal, queremos chamar "pecado", será necessário entender a palavra de maneira peculiar. Não pode existir culpa sem responsabilidade pessoal e voluntária. Isto é o que levou São Tomás a considerar o pecado original não como um pecado no sentido preciso e moderno do termo, mas em um sentido análogo: "O pecado do primeiro homem é pecado geral de toda a natureza humana", mas *quodammodo*, isto é, "de algum modo".[12] Nesta linha, afirma o *Catecismo da Igreja Católica* (nº 404): "O pecado original é chamado 'pecado' de maneira análoga; é um pecado 'contraído', 'não cometido', um estado e não um ato". Que pode significar isto? Que sob certo ponto de vista, segundo a perspectiva adotada, e segundo o que entendemos por pecado, pode ter sentido esta qualificação para falar da situação na qual todos viemos ao mundo.

Se nos situamos no ponto de vista da obra divina, é preciso dizer que todo ser humano nasce envolvido e protegido "pelo amor de Deus que o criou e pelo amor de Deus que o conserva"; Deus, além disso, convida o ser humano a manter com ele relações amorosas desde o primeiro momento de sua existência. Pois bem, desde nossa perspectiva humana, falta

---

12. *De malo*, c. 4, a. 1, sol. 19.

ainda que este amor e esta graça, outorgados gratuitamente, sejam acolhidos e respondidos pessoalmente para que alcancem a sua perfeição.[13] A mais grave falta de resposta acontece quando uma pessoa se desentende pessoalmente com esta íntima e vital união com Deus. Todavia, antes que possa ocorrer este desentendimento pessoal, existe outra falta de resposta porque não existe tomada de consciência da oferta divina. A oferta é dada desde sempre, mas dela se toma consciência progressivamente. Neste sentido, a tomada de consciência do amor de Deus é diferente da tomada de consciência do amor materno, porque o primeiro é menos imediato, menos sensível e menos visível. Pois bem, na situação atual em que está a humanidade (consequência da situação que ocorreu nas origens), as dificuldades para a boa resposta ao amor proveniente de Deus são maiores do que se não houvesse pecado. E enquanto a resposta não acontece, o ser humano se encontra, de um modo ou de outro, em uma situação de afastamento de Deus, distanciamento que mantém uma semelhança com outros afastamentos e que, de algum modo, pode se identificar como pecado. Neste sentido, cumpre dizer que o pecado original é a situação dos que se encontram fora da dinâmica salvadora de Cristo e, portanto, a reflexão crente sobre a situação não crente e sobre a situação interior à conversão.

Pois bem, pode-se estar afastado de Cristo por muitos motivos. Estão fora de Cristo os que o negaram explicitamente, os que depois de tê-lo conhecido o recusaram. Inclusive, aqui, devem-se notar gradações: pode-se recusá-lo total ou parcialmente, com maior ou menor gravidade, com melhor ou pior conhecimento. E pode-se estar distante de Cristo, porque ainda pode não ter sido encontrado, porque não se teve nenhuma experiência cristã. Este seria o caso do pecado original. Daí a necessidade de entender a palavra "peca-

---

13. Cf. *Gaudium et spes*, 19.

do" de maneira análoga. Sem dúvida, pecado é ausência de Deus, mas não reveste a mesma gravidade, nem tem a mesma qualidade, a ausência daquele que o deixou, depois de tê-lo conhecido, da de quem ainda não o encontrou (ao menos explicitamente). O dogma do pecado original teria assim uma vertente positiva: para encontrar Deus, não basta que Deus venha até nós; é necessário também recebê-lo e ir para ele. Deus não força o ser humano, não nos salva em nós, não se impõe à nossa liberdade. Todo encontro pessoal supõe reciprocidade, colocar-se a caminho um em direção ao outro e o outro em direção ao um.

Compreender o pecado, analogamente, é fundamental para compreender o pecado original. Mas podemos, ainda, dar um passo e aplicar a analogia à compreensão do que podemos qualificar de diversos níveis no pecado original. Não é a mesma situação a das crianças que a dos adultos. Nas crianças, encontramos um caso limite. E um caso limite não pode ser o primeiro analogado de nenhuma reflexão nem teológica nem antropológica. Sem dúvida, a criança é pessoa, mas para definir o que é uma pessoa partimos dos adultos. Igual raciocínio deve-se fazer do pecado original. A criança é pecadora, mas para compreender o pecado original é preciso ter em vista os adultos. Em relação à criança dever-se-ia dizer: "A criança só pode ser pecadora da mesma *maneira eficiente e incoativa e dinâmica* em que é pessoa. E, portanto, quando o pecado original se trata nas crianças, tem um sentido totalmente análogo não só em relação ao pecado pessoal, mas inclusive em relação ao pecado original quando se trata dos adultos. A criança entrou nesta história de deterioração que ela, em um ou outro grau, ratificará e tornará sua com seus pecados pessoais".[14]

Para compreender o pecado é fundamental a iluminação cristológica. Só tem cabimento falar do pecado original a par-

---

14. J. I. González Faus, *Proyecto de hermano*. Sal Terrae, Santander 1987, 383.

tir de uma consciência cristã. Com esta expressão, queremos designar, antes de tudo, a necessidade universal de salvação em Jesus Cristo. Mas, como a salvação não é algo automático, inicialmente há a ausência de Cristo (ao menos explícita, e vistas as coisas sob nosso ponto de vista) na vida do ser humano e, como consequência, um estar influenciado por tudo aquilo que nos afasta dele, o que sob o ponto de vista da pessoa que crê é sempre ausência de vida e de verdade, ausência que nos configura interiormente. Por este motivo, o pecado original não é algo "positivo", não é um acréscimo, um ter, mas algo negativo, uma carência: a ausência da graça. Mas esta carência é algo "não devido", pois o amor e a graça de Deus são sempre gratuitos. E, embora o amor seja o mais necessário, sempre é algo indevido e, neste sentido, não há porque ocorrer.

Pecado original é ausência de graça. Sem a graça, o homem encontra-se radicalmente sozinho. Pois bem, um homem sozinho encontra-se em contradição consigo mesmo, pois não foi feito para si, mas para o outro. Daí o "coração inquieto", do qual falava Santo Agostinho, enquanto não nos encontramos com Deus. Mais ainda, um homem sozinho, devido à sua limitação, é um perigo: "Aquele que pode falhar, alguma vez falha", dizia Tomás de Aquino.[15] A estabilidade, plenitude e segurança da pessoa só se encontram na comunhão com Deus. Só apoiando-nos na Palavra de Deus podemos vencer com segurança, e, totalmente, a tentação e o ambiente de mal que nos rodeia. O homem só, além de incapaz de acalmar sua ansiedade, é um perigo permanente: a experiência dos últimos anos nos mostrou até onde pode chegar a "pura razão" abandonada a si mesma: ao olho por olho e dente por dente, às razões de Estado, ao nacionalismo extremo, ao racismo, ao nazismo, à sede de vingança, à ansiedade por conquista, à falta de misericórdia, à incapacidade de perdão.

---
15. *Suma contra los gentiles*, III, 71.

Nossa leitura do pecado original permite compreender que o batismo supõe um si mesmo consciente, um acolher livremente a fé oferecida e uma recusa explícita e consciente de todas as seduções do mal.[16] Nossa visão, além disso, permite compreender de forma positiva o batismo: não tanto como um tirar, mas sim como um dar. Não há nada para tirar, pois fora de Cristo não existe nada (isto se compreende quando alguém o encontrou: o anterior não tinha valor nenhum; era puro "vazio"). Trata-se de encher, de possibilitar. E, caso se queira falar de "tirar", como faz o Concílio de Trento,[17] deveríamos dizer que "o pecado não se tira por uma simples subtração, e sim por contradição, isto é, *pelo que se dá* ao homem".[18] Os símbolos batismais da água, do óleo e da luz retomam então todo o seu significado positivo: mais que limpar, a água traz fertilidade a uma terra ressequida; o óleo possibilita a agilidade aos músculos enrijecidos; a luz permite ver na escuridão.

Em suma, enquanto não nos encontrarmos com Cristo estaremos submetidos a múltiplas influências pecaminosas que nos marcam internamente, tão internamente como a ideologia que comporta a cultura na qual crescemos e a língua que aprendemos necessariamente e, sem embargo, livremente. Necessariamente, a pessoa termina ratificando tais influências, pois não existem situações "neutras" e, sem Cristo, a pessoa está sozinha com suas próprias forças. Na medida em que nos aproximamos de Cristo (implícita ou explicitamente) estamos submetidos a outras influências. O batismo é o sinal definitivo de tal aproximação e o que nos introduz nessa comunidade na qual seus membros se esforçam por escapar da escravização ao pecado e para praticar o amor que Cristo lhes deixou.

---

16. Tal aceitação livre se salva no caso das crianças porque seus pais e/ou padrinhos aceitam, responsavelmente e em seu nome, o oferecimento da fé. Porém, tal aceitação, em seu momento, pede para ser ratificada pessoalmente pela criança.
17. DH, 1.515.
18. J. I. González Faus, *op. cit.*, nota 14, p. 356.

*Falta de mediação para a graça*

Para compreender a doutrina do pecado original, assim como as repercussões sociais e coletivas do pecado, fica por responder uma pergunta: como é possível que um pecado tão distante tenha consequências pecaminosas e universais que cheguem até nós? Perguntamo-nos agora sobre a transmissão do pecado original.

Na história da teologia, encontramos diversas explicações sobre como acontece esta transmissão. Os pelagianos diziam que se transmitia por imitação. Segundo Santo Agostinho, o pecado original se transmite por um movimento culpável da vontade dos pais, isto é, a concupiscência enquanto ato do prazer carnal.[19] Santo Tomás de Aquino dirá claramente que não é a concupiscência, enquanto ato do prazer carnal, a que transmite o pecado original.[20] O pecado original se transmite por geração, mas não porque esta seja má ou suponha uma desordem moral, e sim porque é o meio pelo qual se unem as gerações entre si e coloca o ser humano em contato com o pecado de seu primeiro pai. Existe uma unidade e solidariedade de toda a família humana, de todas as pessoas concretas. Todas elas constituem um corpo, uma pessoa coletiva.[21] Segundo o Concílio de Trento, o pecado original é "transmitido a todos por propagação, não por imitação".[22] Houve alguns

---

19. "Pelo mal da concupiscência vergonhosa os que são gerados têm de ser regenerados para que não se condenem". E acrescenta o santo: "Assim, pois, aquele que jaz licitamente com a concupiscência vergonhosa, usa bem um mal; em troca, aquele que jaz ilicitamente usa mal um mal" (*El matrimonio y la concupiscencia*, livro II, XXI, 36). Está claro: licitamente ou ilicitamente, a concupiscência é sempre um mal. Inclusive, os pais cristãos, que já não têm o pecado original, transmitem-no porque geram seus filhos na concupiscência, e aí é o homem velho que atua (*Dos méritos e perdão dos pecados*, livro II, IX, 11). Depois do Concílio de Trento já não é possível em teologia católica dizer que a concupiscência transmite o pecado original.
20. *Suma de teologia*, I-II, 82, 4, ad 3.
21. *Suma de teologia*, I-II, 81, 1.
22. DH, 1.513.

teólogos do Concílio que pretendiam que se dissesse "não só por imitação". A fórmula não foi aceita, mas nem por isso está condenada. O que aqui se condena é o "só por imitação". Por sua vez, o último *Catecismo da Igreja Católica* (nº 404), mesmo reconhecendo que "a transmissão do pecado original é um mistério que não podemos compreender plenamente", tenta uma explicação em linha com o que diz Santo Tomás de Aquino: "Todo o gênero humano é em Adão *sicut unum corpus unius hominis* (como o corpo único de um único homem). Por esta unidade do gênero humano, todos os homens estão implicados no pecado de Adão. Como todos estão implicados na justiça de Cristo".

O teólogo não pode contentar-se com afirmar que a transmissão do pecado original é um mistério, mas deve procurar uma explicação que, respeitando o mistério, torne mais crível a fé. Sem dúvida, podemos falar de unidade do gênero humano, ao menos do gênero humano "atual" (sem entrar em discussões sobre o que pôde ser, mas deixou de ser já faz tempo: homem de Neanderthal, e possível homem da ilha de Flores). Sob este ponto de vista, os primeiros humanos continham fisicamente (potencialmente) toda a humanidade. Mas não me parece que possamos falar da "natureza humana" como se fosse o equivalente de uma coisa natural ou de um animal, a respeito do qual o indivíduo é considerado como algo que está a serviço da plena realização da espécie. Tais seres não são pessoas: foram produzidos por seus antepassados e são o resultado do processo da reprodução.

O ser humano, em vez disso, é um ser espiritual. O que aparece no processo da procriação humana é um corpo pessoal, distinto, com uma "alma", espírito ou personalidade próprios, insubstituíveis. Todo ser humano é uma realidade inteiramente nova, criada diretamente por Deus. E por ser uma realidade espiritual não pode remontar a antecedentes puramente biológicos. Consequentemente, a unidade da comunidade humana deve ser buscada em um plano espiritual. É a unidade de uma comunidade de pessoas. A comunidade biológica do gênero humano constitui unicamente a base da verdadeira unidade da comunidade de pessoas. Pois bem, a unidade de uma comunidade de pessoas se sustenta por seus valores espirituais. Aí é que realmente algumas pessoas influem verdadeiramente em outras. E aí está a verdadeira dependência de uns em relação a outros. Não existe nada inteiramente independente. Isto é impossível: todos dependemos de outros para nascer, para ser, mas, sobretudo, dependemos de outros para renascer, para amadurecer e crescer espiritualmente e intelectualmente. O eu humano é um processo sociocultural e sua vida faz parte e está condicionada por este processo cultural. No homem tudo, inclusive sua interioridade, é social, o que não significa que o social esgote a sua totalidade de ser humano. As estruturas mais profundas e mais secretas de nossa personalidade são sociais. Desde a primeira infância, antes da emergência da consciência, o processo de socialização começou.

Esta mútua dependência se realiza, a seu modo, no plano sobrenatural.[23] De fato, Deus quis servir-se de mediações humanas e históricas para chegar aos seres humanos. O momento culminante e insuperável de tais mediações é a humanidade de Jesus de Nazaré, que se prolonga na mediação da Igreja (com sua Escritura e seus sacramentos). Mas que também se dá por meio da humanidade comum: quando "tive fome e me destes de comer", mesmo que não o soubésseis, "a mim o fizestes" (Mt 25,35.40). E, por suposto, por meio da humanidade crente: "quem acolhe aquele que eu enviar, a mim acolhe, e quem a mim acolhe, acolhe aquele que me enviou" (Jo 13,20). Pois bem, esta necessidade da mediação humana como veículo de graça é o que melhor explica a transmissão

---

23. Como referência bíblica desta comunidade no plano espiritual, pode-se recorrer ao que já escrevemos em 5.5.1. e 5.5.2 deste mesmo ensaio.

do pecado original. O Evangelho de Marcos descreve um episódio no qual a fé de uns foi eficaz para a salvação de outro (Mc 2,5). Podemos deduzir: a falta de fé de alguns teria repercutido de outro modo no salvo e, em vez de ser causa mediadora de salvação, teria sido, ao menos, uma carência, uma falta de mediação para sua cura.

No que diz respeito a Adão, trata-se de um mediador de graça. Porque, como bem o expressou P. Chenu, "a graça é social".[24] Desde a origem, estamos em uma economia de encarnação. Deus se dá a conhecer e se transmite através do humano. Daí que a transmissão do pecado original é inconcebível dentro do contexto puramente natural, pois uma pessoa estranha a mim não pode situar-me em um estado de culpa por meio de um pecado que não é pecado pessoal meu. Se Cristo é o perfeito cumprimento das mediações de graça, Adão foi o prelúdio. "E precisamente nesta tarefa, *como mediador da graça*, Adão fracassou culpavelmente".[25] Se a graça e o amor de Deus sempre nos chegam por meio de mediações,[26] o pecado produz, ao menos, uma falta de mediação para o bem. Quem peca deixa de cooperar na mediação da graça que o Redentor suscita nas criaturas e influi, para mal, nos outros por essa falta de cooperação. Assim, Adão deixou de ser mediador da graça para os outros. E ao não existir essa mediação de graça, produz-se uma mediação negativa, um obstáculo

---

24. M. D. Chenu, O.P., *L'Évangile dans le temps*. Du Cerf, Paris 1964, 161; tradução castelhana: *El evangelio en el tiempo*, Estela, Barcelona 1966, 153. Acrescenta P. Chenu: "As próprias estruturas da vida humana, nesta economia de encarnação, serão, consequentemente, as subestruturas da vida divina, tanto nas comunidades quanto nos indivíduos".
25. E. Schillebeeckx, *Maria, madre de la redención. Bases religiosas del misterio de Maria*. Ediciones Fax, Madri 1969, 72. Sobre a mediação de Adão, cf. Luis F. Ladaria, *Teología del pecado original y de la gracia*. BAC, Madri 1993, 111-112.
26. *Lumen gentium*, 62, afirma que a mediação única de Jesus Cristo suscita outras mediações humanas para o encontro com Deus. Certamente que o texto foi pensado para falar da mediação de Maria, todavia não é menos certo que fala de outras possíveis e reais mediações humanas. Temos aí um caso no qual a mariologia contribui para o aprofundamento teológico de outras verdades da fé.

para o verdadeiro desenvolvimento do ser humano. Cristo é aquele que rompe esta mediação negativa dando início a uma nova mediação da graça. Assim, se explicaria que o pecado se estendesse desde Adão a cada um dos seus descendentes pela mediação de uma reciprocidade existencial pecaminosa. Esta influência não se opõe à responsabilidade pessoal, mas a condiciona.

A leitura grega de Rm 5,12 apoiaria esta interpretação que oferecemos (ver 5.4.2), pois, segundo sua exegese, o que o pecado de Adão introduziu não foi o pecado, mas sim "a morte". A morte (veremos isto no ponto 7.3), entendida biblicamente, é a ausência de Deus. Assim, pois, o que Adão introduziu no mundo foi a separação, a ausência de Deus, ou seja, a falta de mediação para o bem. O que entrou no mundo foi a mediação de um homem desobediente. Cada ser humano vem a este mundo com "a morte", com a falta de Deus, não com o pecado como ato pessoal.

Sem dúvida, também o ser humano recebe mediações boas. O pecado de Adão não é a única nem a mais importante das influências que o homem recebe. Mas agora era preciso esclarecer a mediação má. Permanece, contudo, uma não comodidade nesta doutrina do pecado original. A doutrina afirma que a falta de graça com a qual todos nascemos tem a sua causa primeira no pecado de Adão, entendido como figura do começo da humanidade. Mas como pode chegar ao homem atual a mediação de tão distante ou distantes antepassados? A pergunta leva a introdução do bloco seguinte.

*O pecado do mundo*

O tema do pecado do mundo pode servir não só para complementar a doutrina do pecado original, mas para melhor a entender. Este tema se encontra na Escritura (ver tópico "Pecado do mundo", no capítulo 5, página ?????). No recente Magistério da Igreja, encontra-se uma doutrina que poderia atualizar, ao menos sob algum aspecto, o tema bíblico do pecado do mundo e que, além do mais, o relaciona com o tema do pecado original. *O Catecismo da Igreja Católica* (nº 408) assim se expressa: "As consequências do pecado original e de todos os pecados pessoais dos homens conferem ao mundo em seu conjunto uma condição pecadora, que pode ser designada com a expressão de São João: o pecado do mundo (Jo 1,29). Com esta expressão indica-se também a influência negativa que exercem sobre as pessoas as situações comunitárias e as estruturas sociais que são fruto dos pecados dos homens".

Antes do aparecimento do *Catecismo*, as conferências episcopais de Medellín e Puebla puseram em circulação a expressão "pecado estrutural".[27] Também João Paulo II, em sua encíclica *Sollicitudo rei socialis*, falou de "mecanismos perversos" que condicionam nosso mundo, cujas causas não são unicamente econômicas e políticas, mas também morais (n. 35). Estas causas morais têm um nome: "estruturas de pecado". E podem assim ser definidas: "A soma de fatores negativos que agem contrariamente a uma verdadeira consciência do bem comum universal e da exigência de favorecê-lo e criam nas pessoas e instituições um obstáculo difícil de superar". Tais estruturas de pecado têm sua origem em um pecado (ou em pecados) pessoal, ou seja, são produtos da liberdade humana e não de uma "natureza" que estivesse mal feita. Pois bem, uma vez realizado o ato pessoal que dá origem às estruturas de pecado, tais estruturas "se reforçam, se difundem e

---

27. Medellín fala de "estruturas opressoras" (Introd., 6), de pecados que se cristalizam em "estruturas injustas" (Justiça, 2), de "uma situação de injustiça" devido a "realidades que expressam uma situação de pecado" (Paz, 1) e de "estruturas evidentemente injustas" (Paz, 19). Puebla insiste na dimensão social do pecado (nn. 38, 40, 227, 358, 836, 985, 1.019) e chega a dizer: "O pecado, força de ruptura, será obstáculo permanente ao crescimento no amor e na comunhão. Tanto desde o coração dos homens como desde as diversas estruturas por eles criadas, nas quais o pecado de seus autores imprimiu sua marca destruidora" (n. 180).

são fonte de outros pecados, condicionando a conduta dos homens". Mais ainda: tais estruturas introduzem "no mundo condicionamentos e obstáculos que vão muito mais além das ações e da vida breve do indivíduo" (n. 36) que as provocou.

Como vencer tais estruturas? Diz o Papa João Paulo II: "As atitudes e estruturas de pecado somente se vencem – com a ajuda da graça divina – mediante uma atitude diametralmente oposta: a entrega pelo bem do próximo, que está disposto a 'perder-se', em sentido evangélico, pelo outro em vez de explorá-lo, e a 'servi-lo' em lugar de oprimi-lo em proveito próprio" (n. 38). Poderíamos interpretar em linha com este pensamento: da influência do pecado estrutural só é possível escapar quando alguém introduz atitudes que criam estruturas de graça, que também influem na conduta dos outros e vão mais além da vida do indivíduo que as provocou.

Se esquematizarmos este rico pensamento, resulta o seguinte: o pecado pessoal pode produzir estruturas de pecado que são obstáculos ao bem, favorecem o mal e escapam do controle e da vontade do indivíduo que as desencadeou. Só se podem vencer mediante a graça que também cria estruturas de bondade e misericórdia cuja influência transcende os indivíduos que as criaram.

Nosso mundo conhece situações que têm sua causa em decisões pessoais que produziram estruturas que fogem do controle daqueles que as criaram e que condicionam de maneira decisiva a conduta dos homens, inclusive mesmo quando alguém não queira. Só é possível deixar de sofrer a influência de tais estruturas quando alguém escapa delas. Enquanto se está submetido à sua influência, parece que sua dinâmica se imponha, mesmo contra a expressa vontade pessoal. Trata-se, em suma, da dimensão coletiva do pecado, que não se identifica simplesmente com a soma abstrata dos pecados individuais. Daí que para explicar a origem e a situação de pecado no mundo, além da dimensão individual do pecado, é preciso

*135*

levar também em consideração sua dimensão e origem coletiva, que condiciona e está presente em nossas dimensões individuais. Existe uma solidariedade humana no bem e no mal que transpõe a dimensão estritamente pessoal.

Certamente que o primeiro pecado (o original) tem de ser distinguido dos pecados anteriores. Tem uma origem histórica do pecado que introduz o pecado. Os pecados posteriores são ações culpadas cometidas por homens já "situados" e marcados pelo pecado original. É importante recordá-lo, pois o pecado é responsabilidade do ser humano e não de um Deus que criou o homem em uma situação má. Pois bem, o pecado do mundo ou pecado estrutural que a partir deste primeiro momento foi se configurando, é um elemento necessário para entender melhor a influência do primeiro humano que pecou em cada um dos seus descendentes. De modo que a influência de Adão não seria direta em cada um de nós, mas sim que se daria pela mediação do pecado do mundo. A relação não se daria diretamente desde Adão (pecado original originante) para cada um de nós (pecado original originado); entre Adão e nós existe um elemento mediador que nos relaciona, de modo que a relação seria: o pecado original originante (de Adão) foi configurando o pecado do mundo e, por meio deste, chega a todos os nascidos a influência pecaminosa do pecado de Adão.

**Morte e concupiscência, consequências do pecado original?**

O pecado de Adão teve como principal consequência a ruptura com Deus e a falta de mediação para o bem. Mas a teologia clássica e o magistério da Igreja acrescentavam outras consequências: com o pecado original entraram no mundo a morte biológica e a concupiscência, ou seja, a paixão desordenada.

Tanto as paixões humanas como a morte são realidades naturais, próprias do ser humano, que teriam acontecido com ou sem o pecado (embora não da mesma maneira). É uma incoerência teológica dizer que o pecado produz a morte física e afirmar ao mesmo tempo a morte biológica de Jesus de Nazaré, o homem sem pecado. Diga-se a mesma coisa a propósito das paixões: Jesus de Nazaré sentiu fome, sede, cansaço; experimentou a alegria, a tristeza, a compaixão e até o enfado (Mc 10,14; o Evangelho apócrifo de Tomé descreve em repetidas ocasiões um Jesus enfadado e até encolerizado).

O que levanta problema não são as paixões ou a morte, porém ocorre que com o pecado mudaram-se seu sentido e sua função. Tomás de Aquino opina que a restauração que a graça opera, durante a vida presente, "se realiza antes de tudo na mente".[28] A ênfase está na mentalidade. Também o apóstolo Paulo fala da necessária renovação da mente (Ef 4,23), precisamente como remédio à sedução da concupiscência. Porque é nela que o pecado atua. O problema não são os acontecimentos, o corpo, o mundo, as pessoas, as paixões corporais e mentais, ou a morte, mas sim o modo de enfrentar esses elementos, o modo de olhá-los. Os bons e maus desejos são a fonte do bem e do mal. Já na história do pecado narrada no Gênesis indica-se que a questão perigosa não é estar nus, mas sim o olhar com que enfrentamos o nu (comparar Gn 2,25 com 3,7).

Nesta linha poderíamos interpretar os textos bíblicos que relacionam concupiscência e morte com pecado e morte. O pecado suscita toda espécie de concupiscências, diz Rm 7,8 (cf. Rm 13,14). Evidentemente estas concupiscências são maus desejos, más inclinações, maus propósitos, paixões desordenadas e mal orientadas, porque enquanto tal a concupiscência não é pecado, como muito bem cuida de esclarecer o Concílio de Trento.[29] O pecado descontrola a pessoa e impede que "todas

---

28. *Suma de teología*, I-II, 109, 8.
29. DH, 1.515. Na Escritura, além disso, a palavra "concupiscência" não tem só um sentido negativo, mas também mais neutro. Em Gl 5,16-17, as apetências da carne (que mesmo tendo sua sede no corpo não estão determinadas por ele, já que alguns são bem "espirituais", como o ódio ou a ambição) opõem-se às do espírito.

as suas forças" se orientem na boa direção. O pecado impossibilita amar a Deus "com todas as nossas forças", por mais que o homem em pecado também aspire a ser feliz e a realizar-se plenamente. Por isso, a concupiscência se experimenta de diversas maneiras em uma pessoa humanamente madura e em um processo de graça quanto em uma pessoa sob o poder do pecado ou vivendo em um contexto existencial de pecado.

Algo parecido podemos dizer da morte. A Escritura, quando fala de morte, pode se referir à morte biológica, mas também à morte "espiritual", resultado do afastamento de Deus. Segundo Sb 2,23ss, "a morte entrou no mundo por inveja do diabo" e só a sofrem "os que a ele pertencem", em contraste com a vida dos justos que estão nas mãos de Deus e só morrem "aparentemente" (3,1-2). O pai da parábola do filho pródigo, referindo-se ao filho mais novo recuperado, diz que "estava morto e voltou a viver" (Lc 15,31). E São Paulo, em Rm 2,9-10, diz que morreu enquanto o pecado reviveu. Portanto, o grave e o temível não é a morte física, e sim a morte que o pecado produz afastando-nos de Deus. Pelo que se refere à morte biológica, problemática é a maneira de enfrentá-la. O pecador, aquele que vive afastado de Deus, ignora o sentido positivo que a morte pode ter: "Se morremos com Cristo também viveremos com ele" (Rm 6,8; 2Tm 2,11). Daí que a morte se assemelha a algo não desejado, como um ataque, e assim é vivida como algo angustiante e obscuro.

Na medida em que nos aproximamos de Deus e nos assemelhamos a Cristo, desaparecem a angústia e o medo que o fato de ter de morrer provoca (cf. Hb 2,15), pois, à luz da fé, a morte pode ser experimentada como realização normal, não traumática, de nossa fome de transcendência, como passagem normal para a plena divinização. Para o crente, "a vida não termina, transforma-se, e ao desfazer-se nossa morada terrena, se nos prepara no céu uma mansão eterna" (diz o prefácio I da Missa de Defuntos).

Se o ser humano não tivesse pecado teria assumido plenamente a morte, ao não experimentar nenhuma ambiguidade. Também hoje, na medida em que vivemos unidos a Deus pelo amor, torna-se possível viver sem medo da morte: viver na esperança de que a ressurreição de Cristo é primícia de nossa própria ressurreição. Duas coisas mais para completar esta reflexão sobre a morte e a concupiscência como consequências do pecado original. A primeira se refere ao fato de que o pecado não só tem repercussões no plano sobrenatural, como perda da graça e da amizade com Deus, mas que também repercute no plano humano, natural, psicológico. Quando se vive na amizade e graça de Deus, todas as dimensões da pessoa permanecem fortalecidas. O amor de Deus proporciona estabilidade pessoal, é fonte de vida, de felicidade e de esperança. Não se vive humanamente da mesma maneira, com a mesma alegria, quando alguém sabe que está nas mãos de Deus do que quando se vive afastado dele. A estabilidade e a alegria pessoal que proporciona o saber-se amado têm repercussões positivas de todo tipo, inclusive em um plano corporal.

A segunda coisa que eu queria completar refere-se à morte. Se neste mundo é impossível ver Deus, encontrá-lo face a face, se como já dissemos Adão e Eva viviam da fé porque seu paraíso era terreal, então deixar este mundo é condição necessária para o encontro pleno com Deus. De modo que, mesmo situando-nos na hipótese de que sem pecado a humanidade não teria sofrido a morte e teria gozado da imortalidade (que poderíamos entender como um oferecimento implícito contido na graça original[30]), também teria necessitado sair deste mundo para encontrar-se com Deus. Mas "deixar este mundo" é a morte. Para o cristão, a morte, a saída do mundo, é a passagem para a vida plena e verdadeira. Portanto, a saída deste

---

30. Os autores que aceitavam esta hipótese (Santo Agostinho, Santo Tomás e, praticamente, toda a teologia clássica) empenhavam-se em afirmar que a morte é uma realidade natural e que a imortalidade na ausência de pecado era um "dom", um privilégio que só podia ocorrer por uma intervenção especial de Deus.

*139*

mundo não é só algo natural, e sim que para o crente se converte em uma realidade que se quer, desejada e necessária, por muito misteriosa e dolorosa que também seja: "Para mim, a vida é Cristo, e a morte é ganho... Desejo partir e estar com Cristo, o que, certamente, é muito melhor" (Fl 1,21-23). Nesta linha situam-se também as palavras de Jesus a seus discípulos: "Se me amásseis, alegrar-vos-íeis de que vou para o Pai" (Jo 14,28). O crente não considera a morte uma desventura, mas sim que a aguarda com esperança e por isso a vive de outra maneira.

**A condenação eterna, consequência do pecado original?**

Para completar o que se refere às consequências do pecado original, devemos referir-nos a uma última e gravíssima possível consequência: a condenação eterna é consequência do pecado original?; o único pecado original merece o inferno, a rejeição de Deus? Ou, dito de outra maneira: o simples fato de nascer é causa de condenação? Proposta dessa maneira, a pergunta resulta, no mínimo, chocante, sobretudo se sabemos pela fé que todo nascimento é obra direta do amor de Deus que "se odiasse algo não o teria criado" (Sb 11,24).

A pergunta surge a propósito do destino das crianças mortas sem batismo. Com efeito, a doutrina da Igreja, fundamentada na Escritura (ver At 2,38; Jo 3,5), afirma claramente que só o batismo une a Cristo, justifica-nos e apaga o pecado original, tornando possível a entrada na vida eterna: "Se alguém disser que o batismo não é necessário para a salvação, seja anátema".[31]

---

31. Assim se expressa o Concílio de Trento: DH, 1.618; ver também o *Decreto sobre a justificação* em DH, 1.523, 1.524 e 1.560. Um dos textos bíblicos nos quais se apoia o Concílio de Trento é Jo 3,5: "Quem não nascer da água e do Espírito não pode entrar no Reino de Deus". É interessante notar que a Comissão Teológica Internacional (*La speranza della salvezza per i bambini che muoiono senza battesimo*, n. 99) coloca em paralelo este texto com o de Jo 6,53: "Se não comerdes a carne do Filho do homem e não beberdes seu sangue, não tereis a vida em vós", para concluir que assim como o segundo texto não conduz a afirmar que não pode ser salvo quem não recebeu o sacramento da eucaristia, também não se deve deduzir do primeiro que não pode ser salvo quem não recebeu o sacramento do batismo.

Apelar ao batismo é um modo de afirmar algo fundamental e irrenunciável: unidos a Cristo vivemos na amizade com Deus e desaparece todo pecado, tudo o que nos separa de Deus. Mas ao longo da história da teologia manteve-se a opinião de que as crianças mortas sem batismo não podiam salvar-se e, portanto, que com o pecado original não se pode conseguir a salvação eterna. Santo Agostinho é o mais representativo dos autores que assim pensaram. Respondendo, pois, à pergunta sobre o destino das crianças mortas sem batismo teremos respondido à pergunta com a qual iniciamos este bloco.

Para Santo Agostinho, não existe nenhuma dúvida: Cristo é o salvador de todos os seres humanos. Salvador de todos os homens que se salvam, dever-se-ia especificar, pois a salvação só alcança os que recebem a justificação por meio do batismo. No paralelo com a afirmação da necessidade universal de Cristo, Santo Agostinho afirma que todos os seres humanos são pecadores e, portanto, todos merecem a condenação. Também são pecadores aqueles que não puderam cometer nenhum pecado pessoal, como é o caso das crianças. As crianças são pecadoras com o pecado original. Com toda justiça, pois, estão destinadas ao inferno se morrerem sem batismo, isto é, sem estar incorporados a Cristo, conclui Santo Agostinho.[32] Esta conclusão radical não será facilmente seguida pela teologia exterior. E assim surgirá na Idade Média a tese do limbo, um estado intermediário entre o céu e o inferno, no qual as crianças mortas sem batismo estariam privadas

---

32. *Dos méritos e perdão dos pecados*, I, 28, 55. Na esteira de Santo Agostinho, um cânon do Sínodo de Cartago declara as crianças mortas sem batismo "partícipes do diabo" (DH, 224). Juliano de Eclano, também bispo da Igreja, como Santo Agostinho, mas considerado herege, chama Santo Agostinho de "perseguidor dos recém-nascidos, que arroja no fogo lactantes diminutos" (cf. Santo Agostinho, *Contra Juliano. Obra inacabada*, I, 48). Para ser justos com Santo Agostinho, seria preciso acrescentar que, antes do debate com os pelagianos, tinha admitido um estado intermediário para as crianças mortas sem batismo (*Do livre arbítrio*, I, 3, 23). Foi a polêmica com os pelagianos que levou Santo Agostinho a suprimir esse estado intermediário.

da visão de Deus, mas gozariam de uma bem-aventurança natural, sem nenhum tipo de sofrimento. Mesmo partindo de posições não rigoristas, também a tese do limbo afirma que sem o batismo não é possível a entrada na bem-aventurança sobrenatural.

Não vamos prosseguir esta história, nem mesmo vamos entrar na questão de como se leva à realização a vontade salvífica universal de Deus,[33] mas queremos notar que, recentemente, a Comissão Teológica Internacional publicou um interessante documento, cujo título é indicativo: *A esperança da salvação para as crianças que morreram sem batismo*. A esperança, sim, porque neste assunto não podemos nos mover no âmbito do saber, da segurança ou da certeza matemática; devemos mover-nos no âmbito da esperança que, como diz São Tomás, "é certa para aquele que tem fé"[34]. E, por isso, porque vivemos da esperança, empregamos a linguagem da esperança, que é a oração, e oramos a Deus com toda confiança pela salvação de todos os seres humanos.

Para propor bem este problema sobre se o pecado original traz como consequência necessária a condenação eterna e, portanto, a separação de Deus, recorremos ao caso das crianças mortas sem batismo. Porque, no caso do adulto, inclusive do adulto não cristão, entram em consideração outras possibilidades de conseguir a salvação eterna, unindo-se a Cristo, mesmo sem o saber, mediante atos conscientes e livres, esforçando-se, "sob a influência da graça, por cumprir com obras a vontade de Deus, conhecida mediante o juízo da consciência".[35] Mas no caso da criança não existe possibilidade de realizar tais atos conscientes e, portanto, seguir os ditames de sua consciência, que é o modo de salvar-se sem

---

33. Sobre a dimensão universal da graça, cf. Martín Gelabert, *La gracia. Gratis et amore*. San Esteban, Salamanca 2002, 123-132.
34. *Suma de teología*, II-II, 18, 4, c. e ad 2.
35. *Lumen gentium*, 16.

se unir explicitamente e conscientemente a Cristo. Neste caso da criança, não existe possibilidade de realizar nenhum ato consciente que possa levá-la a recusar o pecado original, mesmo que fosse implicitamente, embora também seja certo que não teve possibilidade de reafirmar-se no referido pecado original. A criança está só com o pecado original.

A questão que tratamos não se encontra na Sagrada Escritura. Quando o Novo Testamento fala das consequências tanto do pecado de Adão como do batismo refere-se sempre aos adultos. Não é, portanto, um tema de primeira ordem dentro da hierarquia de verdades da fé, mesmo que refletir sobre ele possa ajudar a compreender melhor a fé e a viver com uma esperança mais gozosa. A tradição teológica que chega até nossos dias nunca deu por encerrado o caso, e todas as soluções, sobretudo as negativas, foram novamente discutidas; nem mesmo se deu nenhuma resposta definitiva por parte do Magistério. Mais ainda, em nossos dias a evolução da reflexão teológica leva a dar uma resposta positiva à pergunta pela salvação das crianças mortas sem batismos e, portanto, a afirmar consequentemente que o simples pecado original não é causa de condenação eterna.

Isto não impede que tenha de se manter com toda clareza que o batismo é meio ordinário para nos unir a Cristo. Todavia, a Igreja nunca manteve a necessidade absoluta do batismo para a salvação. O que é absolutamente necessário para a salvação é Cristo (cf. At 4,12). Isso nos permite falar de outros caminhos pelos quais se realiza a configuração com Cristo. No caso dos adultos, a Igreja sustenta que existem outros meios supletivos do batismo de água e, portanto, de se contrapor à influência do pecado original. Em que meios supletivos do sacramento poderíamos pensar no caso de uma incapacidade de tomar uma decisão pessoal, como no caso da criança? De fato, o dom da salvação é outorgado às crianças pequeninas que se batizam sem que elas tenham podido realizar pessoalmente nenhum gesto que manifeste seu desejo. É a fé dos pais, que é a fé da Igreja, a que supre o desejo da criança. Não poderia Deus, pelos meios que só ele conhece, ter previstas suplências análogas imerecidas para as crianças mortas sem batismo? No bloco seguinte, trataremos de um caso singular, o de Maria, a mãe de Jesus, que, segundo o dogma católico, recebeu imerecidamente e antecipadamente à obra de Cristo o dom da salvação. Por que não falar também de uma imerecida antecipação à ação sacramental do batismo?

Em todo este assunto existe uma chave fundamental, a cristológica. Cristo não pode ser menos poderoso que Adão. Sua influência é universal e mais forte que a de Adão, como fica claro no paralelismo assimétrico que entre Adão e Jesus Cristo estabelece Rm 5,12ss, do qual falamos no capítulo 6. A solidariedade de Cristo com a humanidade tem uma prioridade absoluta sobre a solidariedade de Adão com a humanidade. "O Filho de Deus com a sua encarnação uniu-se, de certa maneira, com todo homem. Cristo morreu por todos, e a vocação suprema do homem na realidade é uma só, ou seja, a divina. Consequentemente, devemos crer que o Espírito Santo oferece a todos a possibilidade de que, na forma só por Deus conhecida, se associem ao mistério pascal".[36] Por meio de Cristo, a misericórdia de Deus atua em todos os seres humanos e, sobretudo, naqueles que, nascidos sem culpa em uma situação de pecado, não corroboraram com sua opção moral esse pecado original.

Apesar do pecado, a condenação não é a última Palavra de Deus sobre o mundo. Sua última palavra é uma palavra de graça: Jesus Cristo, morto por nossos pecados e ressuscitado por nossa justificação. Jesus Cristo, morto por "todos" (sem nenhuma exceção) e que, como diz São Tomás, pode atuar sem a mediação sa-

---

36. *Gaudium et spes*, 22. No contexto da "necessidade da fé e do batismo" fala o decreto do Vaticano II *Ad Gentes* (n. 7) dos "caminhos só por Deus conhecidos" para trazer à fé aos homens que desconhecem o Evangelho.

cramental, pois é a cabeça dos sacramentos e sua ação não está subordinada ao sacramento, mas está acima do sacramento.[37]

### Maria, uma exceção à universalidade do pecado original?

Pelo que vimos no bloco anterior, a doutrina do pecado original não é rigorista. O caso das crianças mortas sem batismo pode ser considerado um caso limite desta doutrina e um bom exemplo dos limites da influência do pecado original. Também podemos considerar como caso limite o de Maria, concebida sem pecado original.

Com efeito, quando a teologia tratava da universalidade do pecado, surgia sempre, de um modo ou de outro, uma pergunta que parecia questionar esta universalidade: também Maria, a mãe de Jesus, devia ser considerada pecadora, visto que todos nós, descendentes de Adão, nascemos com o pecado original? Quando surgia esta pergunta, muitos evitavam pronunciar-se. O caso mais notório, por ser um ato do Magistério, desse não pronunciamento intencional temo-lo no decreto sobre o pecado original do Concílio de Trento. Declara-se que não é intenção do Concílio "abranger neste decreto, no qual se trata do pecado original, a bem-aventurada e imaculada Virgem Maria".[38] Note-se o detalhe linguístico, que, provavelmente, passa completamente despercebido: não se fala da imaculada conceição de Maria, mas da imaculada Virgem Maria.[39]

---

37. Suma de teologia, III, 64, 7 e 64, 3 c, no final: "Deus não ligou seu poder aos sacramentos até o extremo de não poder conferir sem eles o efeito sacramental."
38. DH, 1.516. O Concílio renova, a este respeito, as constituições do Papa Sisto IV, constituições que proibiam as acusações de heresia aos que defendiam uma ou outra opinião sobre a Virgem.
39. Nesta linha, é curioso recordar que, em época de pleno fervor imaculista, em um decreto de 1627 (publicado em 1644, dezessete anos depois), a Santa Inquisição, dominada pelos dominicanos, não permitia que se escrevessem livros com o título de *A Imaculada Conceção de Maria*, e sim que se devia dizer: *A Conceção de Maria Imaculada* (cf. Domiciano Fernández, *María en la historia de la salvación*. Publicaciones Claretianas, Madri 1999, 371). Para os sucessos que conduziram à declaração dogmática da Imaculada Conceição, é muito interessante Dominique Cerbelaud, *María, un itinerario dogmático*. San Esteban-Edibesa, Salamanca Madri 2005, 147-185.

Os defensores de que Maria nasceu com o pecado original, como todos os seres humanos, alegavam que, se assim não fosse, Maria não teria necessidade de Cristo. Atentava-se, pois, contra a universalidade da ação salvadora de Cristo. Este argumento estava viciado por um preconceito segundo o qual quem não incorreu em pecado não pode ser beneficiário da salvação de Cristo. Foi Scotus quem deu uma virada copernicana na discussão. Se admitirmos que a Mãe do Senhor foi santificada desde o primeiro instante, isenta do pecado, não só não atentamos contra a universalidade e a eficácia da cruz de Cristo, e sim que só então reconhecemos Cristo como o superabundante e eminentíssimo Redentor. Cristo redime Maria com a mais perfeita das redenções: com graça preveniente e elevante, de mais eminente forma,[40] mais plena que aos outros. Como compreender essa maior necessidade de Cristo quanto maior for a santidade? Porque quanto mais se avança no caminho da santidade, tanto melhor se conhece o Senhor, tanto mais se compreende a necessidade que dele temos e tanto menos dispostos estamos a deixá-lo. Sob o ponto de vista humano, pode-se dizer que quanto mais adivinhamos onde está a perfeita felicidade, tanto mais dela necessitamos, e quanto mais a conhecemos, mais a desejamos.

Deixando de lado a controvertida história do dogma da Imaculada Conceição de Maria, interessa aqui dar uma explicação teológica que ajude o crente de hoje a viver sua fé com maior convicção e, para isso, nada melhor que oferecer boas razões. Poderíamos dizer que a concepção de Jesus parece que necessita, já desde seus inícios, um berço apropriado, coerente com seu ser de Deus. Dado que a gestação não é só biológica ou fisiológica, mas também cultural (pois a criança no ventre materno ouve a música, as palavras, sente as carícias, o humor, a alegria da mãe, e não só a fumaça do tabaco), parece necessária uma santidade excepcional na mulher que recebe o Filho de Deus.

---

40. *Lumen gentium*, 53; Pio XII, *Fulgens corona*, em DH, 3.009.

O possível mal-estar teológico que pode causar "exceção" do pecado original em Maria fica muito atenuado quando o assunto se resolve não a partir de Adão e sua obra, mas sim a partir de Cristo, pois o pecado original é a outra face de uma verdade fundamental e primeira: a necessidade universal de Cristo e de sua obra redentora e salvadora. E aí estamos todos nós humanos no mesmo nível. Não existe nenhuma diferença entre Maria e os outros membros da raça humana, por todos, Maria também, precisamos de Cristo e de sua salvação. Sem Cristo, nenhum de nós pode chegar a Deus; sem Cristo, nenhum de nós pode alcançar a santidade. E isso, no caso de Maria, o dogma deixa claro: Maria foi redimida, sim, necessitou de Cristo. Ela pertencia à comunidade humana de pessoas que, em razão do primeiro pecado, converteram-se em radicalmente incapazes de alcançar a salvação.

A essa luz, o outro aspecto do dogma, o negativo, o da ausência do pecado original em Maria, pode ler-se positivamente. Poderia ser um modo de compreender que os caminhos de Deus são diferentes, não estão restringidos por nenhuma lei (nem mesmo por leis ou coerências teológicas); um modo de compreender que a graça e o amor são totalmente livres e atuam livremente em cada caso, sem que uma atuação anterior condicione as posteriores, sem necessidade de se repetir. Deus faz com cada um uma obra única. Portanto, o fato de Maria não estar submetida ao pecado original não se devia a ela mesma, mas sim a Cristo. Sua concepção imaculada é uma participação na graça redentora de Cristo.

Maria entrou na existência como um ser humano como redimido. Esteve redimida antes que ela se apropriasse da redenção ou fosse capaz de realizar uma ação meritória. Pois bem, durante sua vida posterior, teve de responder livre e conscientemente à graça recebida. Pode-se comparar o caso de Maria com o das crianças batizadas. Uma vez batizada, a criança está objetivamente redimida, mas só quando amadurecer e chegar

*147*

a ser pessoa consciente poderá assimilar pessoalmente o mistério da redenção. Maria passou por um processo semelhante de desenvolvimento, embora sem a intervenção do pecado nem de seus defeitos pecaminosos. Isso não significa que ela não sofrerá tentações; significa que recebeu uma graça que lhe permitiu resistir às forças do mal com as quais, inevitavelmente, encontrou-se ao longo de sua vida.

O privilégio da Imaculada não deve ser entendido como uma espécie de couraça com a qual um soberano caprichoso envolveria Maria. Deus, que fixa livremente a medida de seus dons, deu a Maria uma superabundância de vida religiosa, uma plenitude de caridade única. Este é o lado positivo da doutrina de Pio IX sobre a Imaculada, que conclui com um dogma formulado em termos negativos. O amor de Deus outorgado a Maria em sua concepção transformou-se em amor acolhido quando despertou a consciência de Maria. Deus fez com que a atmosfera pecadora, que inevitavelmente envolveu Maria, não encontrasse nela a menor complacência. Podemos supor que o meio familiar no qual ela cresceu era piedoso e santo e favoreceu o seu crescimento espiritual. Todavia, tarde ou cedo, ela se encontrou na presença do pecado e de suas tentações, como também aconteceu com seu Filho. Então, a força do seu amor por Deus preservou-a de toda cumplicidade, por pequena que fosse. A correnteza, que pode derrubar uma casa construída sobre a areia, não pode destruir uma casa construída sobre a rocha.[41]

Com Maria, reafirma-se a universalidade da obra de Cristo. Em seu caso similar aparece mais evidente a liberdade de atuação da graça divina e a história pessoal que Deus faz com cada um. Sob a perspectiva de Adão, esta atuação positiva se traduz como preservação do pecado original.

---

41. Cf. E. Schillebeeckx, *Maria, madre de la redención. Bases religiosas del misterio de Maria*. Ediciones Fax, Madri 1969, 81-89; A.-M. Dubarle, *Le péché originel. Perspectives théologiques*. Du Cerf, Paris 1983, 150-153.

# 8. Necessidade de Cristo sem pecado original

Ao longo de nossa reflexão indicamos, em diversas ocasiões, que Cristo é necessário em todas as circunstâncias, que sua necessidade não depende do pecado original. Dedicamos este último capítulo a tratar explicitamente desta necessidade.

Nem Jesus necessita do pecado para vir a este mundo, nem o ser humano tem de pecar para ter necessidade de Jesus, embora o pecado faça Jesus mais necessário do que nunca.

**Necessidade de Cristo para a divinização humana**

Na origem de tudo está a missão do Filho por parte do Pai: "O Filho, enviado pelo Pai, que nos escolheu nele antes da criação do mundo e nos predestinou a ser filhos adotivos".[1] O motivo do envio ou da vinda coincide com o motivo da criação: nossa adoção como filhos e a recapitulação de tudo no Filho. E tudo isso "para louvor da glória de sua graça" (Ef 1,6). Apesar de que o pecado vai modular a realização da vinda do Filho ao mundo, o sentido da vinda já está contemplado no projeto criador. Em Jesus Cristo nos foi dado a conhecer "o mistério da vontade do Pai, segundo o benévolo desígnio que nele se propôs de antemão" (Ef 1,9). De antemão, desde a criação, ou seja, antes do pecado.

A missão do Filho tem como meta fundamental possibilitar o encontro do ser humano com Deus. Tanto o judaísmo

---

1. *Lumen gentium*, 3.

quanto o cristianismo estão muito conscientes de que "ninguém jamais viu Deus" (Jo 1,18), visto que "habita em uma luz inacessível" que nenhum ser humano viu nem pode ver (1Tm 6,16). Por este motivo, sempre buscaram profetas, mediadores e mediações para poder encontrar-se com Deus. A fé cristã confessa que o homem Cristo Jesus é o "único mediador entre Deus e os homens" (1Tm 2,5). Esta convicção não deve ser entendida como se a mediação de Jesus Cristo anulasse outra qualquer mediação. Não é uma mediação excludente, mas includente. O Magistério da Igreja reconhece que, junto com a mediação de Jesus Cristo, podem existir outras "mediações parciais".[2] Mais ainda, que a mediação única de Jesus Cristo "suscita diversas classes de cooperação".[3] Todas essas mediações parciais, se forem autênticas, "tomam significado e valor unicamente pela mediação de Cristo"[4] e, portanto, de um modo ou de outro, remetem à mediação fundamental na qual nos deu a conhecer perfeitamente o Pai com a maior perfeição da qual nós, seres humanos, somos capazes. Jesus Cristo é o "caminho" pelo qual todos os que vão ao Pai têm de passar, de um ou de outro modo (Jo 14,6).

Isto assim é até o ponto de que inclusive na vida eterna, onde o ser humano terá alcançado a meta de sua vida, onde já não haverá nenhum vislumbre de pecado, também ali será necessária a mediação de Jesus Cristo, devido à infinita distância que, em toda circunstância, separa de Deus a criatura. "Quem viu a mim viu ao Pai" (Jo 14,9; cf. 12,45), diz Jesus a Filipe. Dito de outra maneira: a única forma de ver o Pai é enxergá-lo em Jesus. Em toda circunstância, também na vida eterna.

Não pretendo empregar o que segue como argumento, mas o indico como dado interessante que reafirma a necessi-

---

2. João Paulo II, *Redemptoris missio*, 5 d.
3. *Lumen gentium*, 62.
4. João Paulo II, *Redemptoris missio*, 5 d.

dade da mediação de Cristo na vida eterna. Existe uma exegese pouco conhecida de Santo Irineu a 1Cor 13,13. A propósito do conhecimento presente e futuro de Deus, São Paulo diz que "agora" subsistem a fé, a esperança e a caridade. Santo Irineu traduz: "No presente, conheço só uma parte, mas então conhecerei como sou conhecido. *Agora*, subsistem a fé, a esperança e a caridade, as três; mas, a maior delas, é a caridade".

Irineu leu o "agora" não como partícula de tempo, e sim de ilação ("por conseguinte"), e assim parece que o apóstolo afirma a sobrevivência na outra vida das três virtudes teologais. Isto permite a Irineu afirmar: "Segundo a palavra do apóstolo, quando for abolido tudo isto que não é, permanecerão estas três coisas, a saber, fé, esperança e caridade".[5]

Se na vida eterna também se vive de algo equiparável à fé (equiparável porque esta fé celestial terá perdido toda conotação negativa e toda possibilidade de se perder), isso só se pode dever a que o ser humano, devido à sua condição de criatura, sempre necessita de "ajuda" para ver Deus e encontrar-se com ele. O face a face entre finito e infinito, entre sombra e luz, não é possível; requer um mediador que torne possível o encontro. Não algo ou alguém que esteja no meio e una o distinto, mas sim um mediador que abranja tudo e que participe dos dois elementos que é preciso unir: o humano e o divino. O mediador por excelência, o perfeito e acabado mediador é Jesus Cristo. Este é o motivo primeiro pelo qual dele necessitamos, e não o fato de que o homem viva em pecado.

---

5. Esta informação devo a um doutorando meu que teve aprovada brilhantemente sua tese. Publicação parcial em Leopoldo Quílez Fajardo, *Contemplación o progreso? Dos formas de concebir la vida eterna en la historia de la teología*. Facultad de Teología San Vicente Ferrer, Valência 2007, 38. Faço notar que, no texto de 1Cor 13, o que traduzimos por "agora" ou por "nunc" em latim, expressa-se em grego com dois termos diferentes: *arti*, utilizado no conjunto de 1Cor 13, e *muni*, utilizado no versículo 13, que Irineu entende referindo-se à permanência das três virtudes teologais. *Arti* e *muni* são advérbios que significam "agora", com um matiz, a saber, que *muni* pode exercer a função de conjunção ilativa e, portanto, estaria bem fundamentada essa tradução.

Adão também estava destinado a encontrar-se com Cristo para alcançar Deus. Se não tivesse pecado, o encontro ter-se-ia realizado por meio de estruturas de graça diferentes das atuais. Visto que pecou, ele frustrou esta possibilidade. A necessidade de Jesus Cristo adquiriu novas conotações, mas manteve-se a primeira e essencial razão de sua vinda ao ser humano. Daí que a encarnação ter-se-ia produzido com ou sem pecado. Os autores clássicos perguntavam-se (pergunta por suposto hipotética e, portanto, nada real) se Cristo teria se feito homem no caso de o homem não haver pecado, e costumavam responder que não. Também Tomás de Aquino responde negativamente, embora em alguns textos amplie as perspectivas e indique que a encarnação se ordena "à consumação da glória".[6] Nesta linha, segue este texto de João Paulo II: "Por meio da encarnação, Deus deu à vida humana a dimensão que queria dar ao homem desde seus começos, e o deu de maneira definitiva".[7] O encontro com Deus, que já desde os começos tinha de ter-se realizado através de Cristo, foi frustrado por Adão com seu pecado, mas o projeto de Deus permaneceu e se realizou no momento oportuno, "na plenitude dos tempos" (Gl 4,4), no momento adequado no qual se realizavam as mínimas condições humanas, culturais, psicológicas e religiosas para que, ao menos alguns, pudessem acolher Cristo e transmiti-lo.

A necessidade de Cristo, antes de ser reparadora do pecado, é eminentemente teologal. Esta necessidade pode-se considerar sob dois aspectos complementares: por parte de Deus e por nossa parte. Em primeiro lugar, Cristo é necessário para que Deus seja glorificado, para louvor da glória de Deus (Ef

---

6. Tomás de Aquino, em *Suma de teología*, III, 1, 3, afirma: *"Peccato non existente, incarnatio non fuisset"*. Em II-II, 2, 7 diz: "Antes do pecado o homem teve fé explícita na encarnação de Cristo enquanto era ordenada para a consumação da glória".
7. *Redemptor hominis*, 1.

1,12). Segundo, uma feliz expressão de Santo Irineu: "A glória de Deus consiste em que o homem viva". Irineu acrescenta: "E a vida do homem consiste na visão de Deus". E explicava: a manifestação do Pai é causa de vida para todos os seres humanos, mas esta manifestação se dá "por meio do Verbo".[8] Graças à vinda de Cristo, Deus pode ser glorificado: nós seres humanos podemos louvar, bendizer e dar graças a Deus. Nós, graças a Cristo, somos a glória de Deus (cf. 2Ts 1,12; Jo 17,10).

Visto sob a perspectiva humana, Cristo é necessário para que Deus seja a nossa glória e nós possamos ser glorificados, ser divinizados e assim alcançar a condição de filhos: Deus Pai nos bendisse (ou seja, falou bem de nós, falou de nós coisas boas) em Cristo e "nos escolheu de antemão (ou seja, antes de qualquer decisão nossa, antes de qualquer resposta positiva ou negativa de nossa parte, já havia ele previsto isso para nós) para ser seus filhos adotivos por meio de Jesus Cristo" (Ef 1,5); "aos quais de antemão conheceu (de novo a insistência nesta atitude primeira e prévia de Deus antes de qualquer pecado), também os predestinou a reproduzir a imagem do seu Filho" (Rm 8,29). Com nossas forças não podemos ser divinizados, porque a divinização e a filiação é graça, dom, não direito nem conquista. Esta graça é sempre cristã, ou seja, recebe-se por meio de Cristo.

## O pecado reveste a encarnação de um novo sentido

O pecado, como dissemos, modulou o projeto divino, mas não o mudou. Deus não condiciona suas atuações à resposta do homem. Mas a resposta humana pode inflectir determinadas atuações. A encarnação, ordenada à consumação

---

8. *Tratado contra as heresias*, livro 4, 20, 6-7.
9. Creio que, sem forçar muito, pode-se ler nesta linha o texto de Tomás de Aquino, *Suma de teología*, II-II, 2, 7.

da glória, terminou em paixão e ressurreição, visto que depois do pecado esta consumação requereu previamente um ato libertador.[9]

Não é propriamente a encarnação, mas sim a cruz e a ressurreição de Cristo o que tem uma relação direta com o pecado. E isso em um duplo sentido. Por parte do homem, a cruz de Cristo é a manifestação extrema de sua rejeição de Deus, visto que odiar Jesus é odiar o Pai (Jo 15,24). Esse é o grande pecado do mundo: não ter acolhido o Filho no qual se manifesta o amor do Pai. A história do pecado, que começou nas origens da humanidade, alcançou um cume não superável na recusa de Jesus que, cheio do Espírito Santo, anunciou a salvação ao manifestar a um mesmo tempo o rosto de Deus e a sublime vocação do homem, isto é, a possibilidade de ser um homem como Deus quer. Portanto, rejeitar Jesus significa não só rejeitar Deus, mas também rejeitar a suprema possibilidade de ser homem. Rejeitar Jesus é rejeitar a verdade do homem e a verdade de Deus.

Mas, por outra parte, a cruz é também a suprema manifestação do amor de Deus ao ser humano. A manifestação de uma lógica distinta, a lógica de Deus,[10] sempre superior à lógica do pecado, pois a lógica do pecado leva a devolver mal por mal, castigo por pecado, mas a lógica de Deus devolve bem por mal, amor por pecado. Na cruz de Cristo manifesta-se um Deus que ama seus inimigos, que ama os que o recusam (Rm 5,6-8). Por trás da contínua rejeição de Deus e, concretamente, por trás da recusa de Jesus, a obra do amor continua. Na morte de Cristo, manifesta-se a vitória sobre o pecado: a morte foi vencida por amor e com amor. A morte de Jesus é o maior pecado que o homem podia cometer, diz João Paulo II. E acrescenta: "Ao

---

10. Bento XVI fala de um "colocar-se Deus contra si mesmo, ao se entregar para dar ao homem nova vida e salvá-lo: isto é o amor em sua mais radical forma" (*Deus caritas est*, 12; *Sacramentum caritatis*, 9).

maior pecado do homem corresponde a oblação do amor supremo que supera o mal de todos os pecados dos homens".[11] Deus vence o mal com o bem, devolve bem por mal. Deus se manifesta como mais Deus que nunca, como amor incondicional (cf. 1Jo 4,8-19), quando é recusado, pois na mesma recusa manifesta seu amor inalterável, perdoando.

Por este motivo, quando dizemos que a morte de Jesus na cruz é salvífica não é por razões mágicas, mas sim porque no modo de Jesus morrer se manifesta com toda a força possível o amor inalterável de Deus para com os seres humanos. Segundo a lógica do mundo, essa morte deveria condenar-nos irremissivelmente, como resulta muito claro em algumas parábolas de Jesus, como a dos vinhateiros homicidas (Mt 21,33-41) ou do banquete nupcial (Mt 22,1-7). Que fará o dono da vinha com os arrendatários que matam todos os criados que o amo envia para recolher seus frutos e que acabam matando o próprio filho do amo? O que fará o rei com os convidados às bodas de seu filho que agarraram os anunciadores do banquete, escarneceram-nos e os mataram? "A esses miseráveis dar-lhes-á uma miserável morte" (Mt 21,42) e "enviará suas tropas que levarão à morte aqueles homicidas" (Mt 22,7). Precisamente não é essa a reação de Deus perante a cruz de seu Filho. Quando os seres humanos recusam o Filho e não se convertem, Deus converte esse gesto de recusa em expiação pelos mesmos homens, graças à entrega com que Jesus assume sua morte. E como Jesus assume sua morte? Oferecendo uma boa razão ao Pai para que perdoe os que o matam: "Não sabem o que fazem" (Lc 23,34). Vivem enganados, acreditam que crucificam um impostor. Se soubessem o que fazem, não o fariam. Esta razão, a razão de Deus, nos justifica. E neste gesto de justificação, o amor de Jesus e o de Deus se manifestam mais fortes que o mal do mundo, e a humanidade de

---

11. *Dominum et vivificantem*, 31.

Jesus mais forte do que a inumanidade dos que o matam. O amor, e mais que nenhum outro, o amor infinito sabe "dar a volta", reverter, transformar em sucesso os obstáculos que encontra. De modo que quanto maior é o mal maior é o amor (cf. Rm 5,20).

A cruz desemboca na ressurreição. Por quê? Porque o amor é mais forte que a morte (Ct 8,6), sempre permanece (1Cor 13,8). Onde existe amor existe o limite, existe vida sem limites, porque o amor é a vida. No amor entregue até o final está o segredo de Jesus e o segredo de Deus: o que entrega a vida é esse quem a ganha (Mc 8,35; cf. Jo 10,17: "Dou minha vida para retomá-la de novo"). A ressurreição de Jesus identifica e define Deus como o Deus da vida, "aquele que ressuscita os mortos" (2Cor 1,9), "aquele que dá vida aos mortos" (Rm 4,17-18). Essa ressurreição é a grande esperança para o mundo, porque unidos a Jesus Cristo também nós temos a certeza de vencer a morte, "pois se morremos com Cristo, também viveremos com ele" (Rm 6,8; 2Tm 2,11). Cristo ressuscitou dentre os mortos como primícias dos que morreram. Pois, do mesmo modo que por Adão morrem todos, assim também todos reviverão em Cristo" (1Cor 15,20-22). "Todos", pois o cristão não tem a esperança somente para ele, mas sim para "todos". Visto que "Cristo morreu por todos, e a vocação suprema do homem na realidade é uma só, isto é, a divina", segue-se como consequência que "devemos crer (não é algo opinável, é um dado da fé) que o Espírito Santo a todos oferece a possibilidade de que, na forma só por Deus conhecida, associem-se ao mistério pascal" de Jesus Cristo.[12]

Em suma, a morte de Jesus é a mais grave manifestação do pecado do mundo, mas é também a manifestação mais surpreendente do amor de Deus ao mundo na forma de per-

---

12. *Gaudium et spes*, 22.

dão. Como resultado desta morte, a ressurreição é o gesto, definitivamente salvífico, pelo qual Deus realiza, de forma inesperada, seus planos. Planos que estavam vigentes "desde antes da criação do mundo" (Ef 1,4; 1Pd 1,20), planos que com o primeiro pecado não só não se anularam, mas que se ratificaram (cf. Gn 3,15), à espera de encontrar em Jesus Cristo seu cumprimento definitivo e irrevogável. Nele, o amor gratuito de Deus adquiriu uma dimensão divinizante, exaltante, e também que cura, redentora.

**Cristo, o "homem novo"**

Concluímos esta reflexão teológica sobre o pecado original com uma última consideração sobre a chave iluminadora de toda a doutrina.

A definitiva Palavra de Deus sobre cada ser humano é uma palavra de graça. E, ainda que o ser humano viva sob o signo do pecado, tem a possibilidade de renascer e viver sob o signo do Espírito de Deus. Por meio deste Espírito, restaura-se internamente o homem todo.

Por isso, se a humanidade atual é imagem de um homem velho e decadente, pode ser também a imagem de um homem novo: Jesus Cristo. Não por suas próprias forças, mas pela iniciativa do amor de Deus manifestado em Jesus, o homem de Deus, o homem que Deus quer, o "santo de Deus" (Mc 1,24).

O símbolo, realidade iniciada ou antecipada desta regeneração, é o batismo, sacramento da fé, que nos outorga para compartilhar a entrega até o fim de Jesus e para renascer para a sua nova justiça.

Se o pecado original é simplesmente o estado de não participação na justiça de Deus, isso significa que se é possível a reconciliação com Deus já não existe pecado original. E esta reconciliação foi obtida pela entrega até a morte de Jesus e por nossa participação nessa vida, morte e ressurreição redentoras. Assim, a morte já não é mais motivo de temor, e sim caminho que conduz a Deus.

Entretanto, "cumpre ao cristão a necessidade e o dever de lutar, com muitas tribulações, contra o demônio".[13] Como assim, se já não existe pecado original? Um encontro com Cristo deveria ser definitivo. Romper com ele, uma vez encontrado, torna-se incompreensível. A experiência demonstra o que verdadeiramente acontece por trás do batismo: que continuamos vivendo na fé, na pouca fé, pois continuamos a estar neste mundo, e a fé, neste mundo, encontra suas dificuldades e obscuridades. Este nosso mundo é um mundo ambíguo, no claro-escuro do pecado e da graça.

---

13. *Gaudium et spes*, 22.

**GRÁFICA**
**AVE-MARIA**
Impressão e acabamento:
**GRÁFICA AVE-MARIA**
Estrada Comendador Orlando Grande, 88 – 06833-070 – Embu, SP
Brasil – Tel.: (11) 4785-0085 • Fax: (11) 4704-2836